W0373669

Michael Rauhut

Das Kunden-Buch

Blues in Thüringen

Titelbild: Open Air in Wandersleben, 1975, Bernd Hiepe.

Michael Rauhut, Dr. phil., 1963 im brandenburgischen Altdöbern geboren, ist Professor für populäre Musik an der University of Agder in Kristiansand/Norwegen. Er hat neun Bücher veröffentlicht, darunter die Monografien „Beat in der Grauzone“, „Schalmei und Lederjacke“, „Rock in der DDR 1964 bis 1989“ sowie „Ein Klang – zwei Welten“.

Diese Veröffentlichung stellt keine Meinungsäußerung der Landeszentrale für politische Bildung Thüringen dar. Für inhaltliche Aussagen trägt der Autor die Verantwortung.

Landeszentrale für politische Bildung Thüringen
Regierungsstraße 73, 99084 Erfurt
www.lzt-thueringen.de
6. Auflage 2017

ISBN: 978-3-946939-11-5

Inhalt

Damals …

Er ist nicht an Gebiete gebunden,
und doch gibt es in Thüringen
eine ganz besondere Liebe zum Blues.
Als wäre er auf den Hopfenfeldern
noch einmal erfunden worden.

Waldemar Weiz

Von einer „Hochburg“ oder gar einem „Mekka“ ist die Rede, landet Thüringen als Bluesregion auf dem historischen Prüfstand. Und tatsächlich ragten die Bezirke Erfurt, Gera und Suhl heraus. Worauf gründete dieser exponierte Status? War es die geografische Nähe des Westens und der massive Einfluss seiner Medien? Spielte der hohe Grad der Industrialisierung eine Rolle? Schließlich rekrutierte sich das Gros der Szene aus proletarischen Kreisen. Fanden die Bands dort mehr und bessere Auftrittsmöglichkeiten als im Rest der Republik? Bot die Provinz einen Standortvorteil, weil sie weniger stark von staatlicher Kontrolle durchzogen war und Freiräume erlaubte? Oder müsste nicht der Thüringer selbst auf den Seziertisch?

Sympathisanten und Lokalpatrioten reklamieren eine besondere Mentalität. Sie sprechen von einer tiefen Verbundenheit mit Natur und Landstrich, die kulturelle Identität stiftet, von volksmusikalischer Erdung und verweisen darauf, dass „die Idee der Freiheit in Thüringen eine Tradition“[1] besitzt. Die Schriftstellerin Gabriele Stötzer meint: „Im Gegensatz zu Berlin hatten wir in Thüringen noch diesen Heimatbegriff, eine ganz andere Sozialstruktur. Hier war es immer wichtig, sich wegzuschleichen zur Kunst – aus diesen öffentlichen Freundlichkeiten."[2] Und auch Musiker betonen den feinen Unterschied. Der Gitarrist Jürgen Kerth erklärte zu DDR-Zeiten: „Du bist hier nicht so diesem Leistungsdruck unterworfen. Ich glaube, hier horcht man mehr in sich hinein und spielt das, was man unbedingt machen muss, was man selbst empfindet."[3]

Der Berliner mokierte sich gern über die angeblich gestrigen „Südstaatler". Peter Pabst, Kopf der Jonathan Blues Band, äußerte 1985 in einem Interview: „In Erfurt und Umgebung legen die Bands Wert auf die Pflege des archaischen Blues und seiner traditionellen Spielweisen. Sie stützen sich auf das althergebrachte Bluesverständnis und greifen auf altbewährte Arrangements zurück. Die Berliner Blueser dagegen setzen sich in erster Linie mit den neuen technischen Bedingungen und internationalen Trends auseinander. Die Fortentwicklung des Blues vollzieht sich in erster Linie in der Hauptstadt."[4] Dieser Affront traf tief. Er konstruierte einen Gegensatz, der so nicht existierte. Und er ging von falschen Prämissen aus. Jenes Schneller–Höher–Weiter, war es dem Anhänger des Blues nicht eher verdächtig?

Seine Welt folgte klaren Maximen. Dennoch war sie keineswegs eindimensional oder genormt. Hinter der uniformen Fassade verbargen sich mannigfache Selbstverwirklichungsstrategien und ein differenzierter Gebrauch von Musik. Im Einklang mit Aussehen und Attitüde, fing sie das Sinnen und Sehnen dieser anderen Jugend ein und diente als Mittel der Abgrenzung – vom Gleichschritt der grauen Masse, den früh vergreisten Altersgefährten, von den streng gescheitelten Normen der sozialistischen Propaganda. Dass die Szene zwangsläufig an den Pranger geriet oder gar kriminalisiert wurde, trug erheblich zu ihrer Selbstdefinition bei. Von Staat und Bürger als „Gammler" oder „Assis" diffamiert, konterte sie mit Entzug und Provokation. Sie hat sich nie schnellen Moden und Meinungen angedient, blieb rastlos, auf der Suche.

Permanent unterwegs, wurde sie in verschiedenen Milieus heimisch. Der Dorfsaal-Underground war ein perfektes Rückzugsgebiet, weil sein kleinkapitalistisch-privates Regime nach den Gesetzen der Anarchie funktionierte. Hier ließ man sich fallen und genoss den kurzzeitigen Ausstieg aus der DDR. Die politisch ambitionierte Fraktion fand in der Evangelischen Kirche Zuflucht. Unorthodoxe Gottesmänner luden mit ihrer „Offenen Arbeit" vogelfreie Jugendliche zum Dialog ein. Unter dem Schutz des Kruzifixes wurden Wahrheiten kommuniziert, die man sonst nur hinter vorgehaltener Hand austauschte. Der Aktionsradius des Szenegängers schloss aber auch den „offiziellen" Raum ein. FDJ-Klubs, Kulturhäuser und Open Airs, nicht selten im Rahmen von Traditions- und Volksfesten, brachten ebenfalls seine Musik auf die Bühne. Mischte sich bei solchen Veranstaltungen das Publikum, prallten konträre Ansichten von Geselligkeit und Spaß aufeinander, kam es zu Reibereien oder zum Crash. Dann demonstrierte der Staat seine Macht, die von geheimdienstlicher „Zersetzung" flankiert wurde.

Jürgen Trübenbach

Jürgen Kerth, 1972

Rolf Günzler/Fetzer, FA-GR-05-S59a

Karneval in Wasungen, 1977

Driftin' Blues: Auf der Straße, fernab des Mainstreams

Sie nannten sich „Kunden“, „Tramper“ oder „Blueser“ und formierten die vitalste und langlebigste Jugendkultur der DDR.[5] Geboren hinter den Barrikaden des Beat, feierte die Szene im Widerschein von Woodstock ihre Initiation und ging erst unter den Gitarrensalven konkurrierender Bewegungen, die mit Punk und Heavy Metal Kreise zogen, in die Knie. Ihre Hoch-Zeit erlebte sie in der zweiten Hälfte der Siebzigerjahre. Das Leitbild, dem die einander ablösenden Generationen von Kunden folgten, blieben die Ideale der Hippies. „Freiheit“, „Authentizität“ und „Nonkonformismus“ waren primäre Werte, die sich in ihren Verhaltensmustern, musikalischen Vorlieben und Outfits niederschlugen.

Sammlung Karsten Schellenberg, ThürAZ-P-Sk-F-017

Saalfelder Freundeskreis in Prag, ca. 1979

Zu den Standards gehörten Blue Jeans der Marke Levi's, Latzhosen, schlichte Sandalen („Jesuslatschen") oder „Kletterschuhe" aus braunem Wildleder, T-Shirts und grobe, blauweiß-gestreifte „Fleischerhemden", antiquierte Filzmäntel, abgetragene, derbe Lederjoppen mit breitem Revers und großen Knöpfen („Thälmannjacken"), Batikkleider oder eingefärbte Unterröcke. Accessoires wie Hebammentäschchen, aus heimattümelnd-kitschigen Wandteppichen genähte „Hirschbeutel", Stirnbänder, Makrameearbeiten oder Nickelbrillen steigerten den Schauwert um einige Grade auf der eng bemessenen Richterskala.

Der Geigenkasten

Anfang der Siebzigerjahre legte ich mir einen Geigenkasten zu. Das war sehr praktisch. Man konnte in solch einem Teil seine Armeeplane, eine Flasche Rotwein und weitere kleine Sachen verstauen. Den Kasten erwarb ich in Altenburg, von einem Notkunden oder Kundenanfänger. Das Ding war aus Sperrholz, uralt, und sah wie ein Kindersarg aus. Ich heuerte also diesen Bengel an. Erst wollte er nicht so richtig ran, aber dann habe ich ihn überredet. Wenn ich mich nicht täusche, gab ich ihm dafür ein Pornoheft. Einmal ging der Geigenkasten mitten in der Stadt auf, und der Inhalt fiel scheppernd zu Boden. Alle drehten sich nach mir um. Was für eine Blamage! Wir Kunden wollten doch immer so groß erscheinen.

Kurt Werner alias Steppe aus Altenburg

Den gleichen Effekt hatten Maultrommeln, Flöten oder besser noch Mundharmonikas (möglichst die originale „Marine Band" oder „Blues Harp" der Firma Hohner), die man zu ekstatischem Tanz traktierte. Das Nonplusultra aber war der großzügig geschnittene, olivgrüne Parka der US-Army, im Szene-

Archiv Hartmut von Wieckowski

Am Rande der 1000-Jahr-Feier in Altenburg, 1976

Jargon „Shelli“ genannt. Er hatte einen Schwarzmarktpreis bis zu tausend Mark, was etwa dem Anderthalbfachen eines durchschnittlichen Monatslohns entsprach.

Das Patchwork-Prinzip bestimmte gleichermaßen den musikalischen Geschmack der „Langhaarigen-Subkultur“.[6] Wenn sie auch gern als „Bluesszene“ pauschalisiert wird, war ihr Horizont doch weiter. Analog zu Haartracht und Garderobe wurden solche Richtungen bevorzugt, die den Nimbus des „Echten“, „Handgemachten“ trugen. Hoch im Kurs standen Folk Rock und Southern Rock. Lieder von Joan Baez, Bob Dylan, den Byrds, Barry McGuire, Buffy Sainte-Marie, Crosby, Stills, Nash & Young, The Band, Lynyrd Skynyrd und den Allman Brothers gehörten zum heiligen Kanon. Eine feste

Größe blieben auch der Soundtrack der ersten Kunden-Generation – die „schwarzen“ Songs der Rolling Stones oder Animals – sowie die Idole der Flower-Power-Zeit: Jimi Hendrix, The Doors, Janis Joplin, Joe Cocker, Scott McKenzie. Im Zentrum aber thronte der Blues. Er fing am besten das Lebensgefühl der jugendlichen Aussteiger ein und wurde zum Kult stilisiert. Stärkste Zugkraft besaß der heiße, gitarrengetriebene Großstadtsound eines Muddy Waters, B. B. King oder John Lee Hooker und die rockgestählten Versionen à la Canned Heat, John Mayall, Rory Gallagher, Johnny Winter, ZZ Top und Ten Years After.

Die Verklärung des Blues zur Religion speiste sich aus zwei Quellen: Sie war ein Relikt der Hippiewelle und zugleich Ausdruck euro-romantischer Idealisierung. In die Musik der Afroamerikaner wurden Werte wie „Authentizität“ und „reine Emotion“ projiziert, die Unterdrückung des einstigen Sklaven galt als leidensgeschichtliches Ahnenmuster. Der Gitarrist Jürgen Kerth brachte es rückblickend auf den Punkt: „Ich bin kein Schwarzer, aber ich habe so gefühlt.“[7]

Die Sechzigerjahre

Weltbild, Attitüde und kulturelle Codes des Kunden-Phänomens wurzeln in den Sechzigerjahren. Die Aufbrüche der Beatmusik markierten nicht nur soziale und ästhetische Spannungen, einen Konflikt der Generationen – sie bargen auch erheblichen politischen Sprengstoff. Jugendliche suchten nach Wegen der Selbstverwirklichung jenseits der staatlich abgesteckten Bahnen, nach schrankenloser Kommunikation und Spaß, und fanden sie im Kraftfeld der Musik.

Frühe Berichte über „Partywohnungen“, Cliquen und den Ausnahmezustand im Tanzsaal nahmen den Duktus der internen Deutung und die Abrechnung mit den Bluesern vorweg. Anfang 1965 geriet der anderthalb Jahre zuvor gegründete „Kronenclub Tanna“ ins Visier der thüringischen Sicherheitsorgane. Diese lose Vereinigung einer Hand voll Teenager sorgte seit Monaten für Gesprächsstoff. Ihr Erkennungszeichen war das Logo der westlichen Zigarettenmarke HB, eine Krone, das sie als Anstecker trugen. Die jungen Männer gehörten zum Anhang einschlägiger Beatbands und fungierten auf Tanzveranstaltungen als Pausenfüller. Dann griffen sie selbst zur Gitarre und kopierten die Hits des Klassenfeinds. Die Stasi deutete das großspurige, nie aber „rowdyhafte" Auftreten des „Kronenclubs" und sein Faible für Westmusik als subversiven Akt. Sie schaltete IM und die ortsansässige FDJ ein, die sich um die Abweichler kümmern sollten. Das Problem klärte sich auf unspektakuläre Weise: Neue Arbeitsstellen und Freundinnen bewirkten, dass sich der Club Ende 1965 „automatisch"[8] auflöste.

Unter dem Stern der Beatmusik wuchs eine Tradition, die von den Bluesern perfektioniert werden sollte – der Drang zu überregionaler Mobilität. Ein Bericht der Erfurter Behörden von 1970 gab zu Protokoll: „Eine relativ weite Verbreitung hat unter Mitgliedern negativer Gruppierungen das sogenannte 'Trampen' gefunden. Zur Teilnahme an Beat-Veranstaltungen,

Archiv Jürgen Kerth

Rampenlichter, 1965, von links: Siegfried Hörger, Roland Michi, Jürgen Kerth bei denen besonders beliebte Beat-Musik-Gruppen[9] auftreten, werden oft größere Entfernungen ohne finanzielle Mittel, per Zug, Anhalter, zu Fuß oder mit eigenen Fahrzeugen zurückgelegt. Bei diesen Gelegenheiten wird in den Zielorten auf Bahnhöfen, in Scheunen, in Zelten oder auch im Freien genächtigt."[10] Der Rapport schilderte ein Open Air, das am 29. und 30. August 1970 im Freibad von Greußen stattfand. Laut Polizeirecherchen stammten achtzig Prozent der rund 800 Fans, die am ersten Tag anreisten, aus anderen Kreisen und Bezirken, was logistische Konsequenzen hatte. „Nach Beendigung der Veranstaltung übernachteten 35 Jugendliche in einer Scheune und ca. 100 Jugendliche auf dem Bahnhof. Weitere Jugendliche übernachteten außerhalb der Ortschaft in selbstaufgebauten Zelten." Das Fazit der Sicherheitsorgane lautete: „Die Konzentration vieler negativer Elemente sowie die unkontrollierte Übernachtung stellte eine ernste Gefährdung der öffentlichen Ordnung und Sicherheit dar."[11]

Zum Greußener Line-up gehörte der Erfurter Gitarrist Jürgen Kerth (*1948). Bevor er in den Blues-Olymp der DDR aufstieg, spielte Kerth in diversen Beatbands. Weil ihnen das Anstiften zu Unmoral und Aufruhr unterstellt wurde, standen sie permanent im Kreuzfeuer der Behörden. Die Rampenlichter, die ursprünglich Spotlights hießen, waren schon aufgrund ihres beachtlichen Fanstamms suspekt. Er reiste der Band hinterher und sorgte für Stimmung. Ein Auftritt am 24. September 1965 zog besonders viel Publikum. „Der Andrang der Jugendlichen war so groß, dass die Eingänge noch vor Beginn der Veranstaltung geschlossen werden mussten, da der Saal überfüllt war. Zur Darbietung der Musik wurde gegrölt und gepfiffen, was die Kapelle anspornen sollte, noch 'heißere' Musik zu bringen. Abschließend kam es auf dem Heimweg zu einer Schlägerei."[12] Die Rampenlichter wurden 1966 unter dem fadenscheinigen Vorwand der Anstiftung zur Gewalt verboten. Tatsächlich fürchtete man ihre Popularität und soziale Schubkraft. Das gleiche Schicksal ereilte Jürgen Kerths Band Unisonos nach dem Greußener Open Air.

Ebenfalls in den Sechzigerjahren ging Wilfried Woigk (*1941) an den Start. Woigk bediente im 1962 gegründeten Quintett Polars den Bass und stand hinterm Gesangsmikrofon. Dank ihrer feurigen Shows beim sonntäglichen Tanztee in der Stadthalle von Gotha, oft im Wettstreit mit den Micados, avancierten die Polars zu Lokalmatadoren. Rundfunkaufnahmen im slowakischen Bratislava und hunderte von rauschenden Gigs festigten ihren Ruf weit über die Grenzen des Heimatbezirkes. Wie viele andere Beatbands zerbrachen die Polars am Vorwurf der Westlichkeit und Dekadenz – 1968 wurde ihnen die Lizenz fristlos entzogen. Wilfried Woigk hob 1972 Blues Vital aus der Taufe, später Pasch, und blieb bis zu seiner Ausreise in Richtung Konstanz 1988 ein Fixstern der thüringischen Kundenszene. Auch Waldemar Weiz (*1949) übersetzte den Geist der Sechziger in die folgenden Dekaden. Nach einem Auftakt in der Herrenhofer Beatcombo The Trabants landete der gerade mal 16-jährige Gitarrist bei den Blackies aus Tambach-Dietharz. Die Blackies holten mit Songs der Animals, Rolling Stones und Yardbirds einen bluesigen Grundton in die heimischen Dielen. Von ihren Gegnern als „De Blääkers"[13] verspottet, geriet das Quartett zwischen die Mahlsteine des Apparats. Eine politische Spitze kostete Waldemar Weiz die Spielerlaubnis. Aber „lebenslänglich" besaß in den Wirren der Sechzigerjahre eine niedrige Halbwertszeit, und so stand er bald schon wieder auf der Bühne. Mit Bands wie Die Drei, Modern Blues oder Ergo trug Weiz die Fackel weiter.

Die erosionsartigen Folgen der Musik, die das Prinzip der „durchherrschten Gesellschaft"[14] untergrub, rückten ab Mitte der 1960er zusehends auf die Agenda der Stasi. Im Umfeld der 11. Tagung des ZK der SED vom Dezember 1965, die als jugend- und kulturpolitisches „Kahlschlagsplenum" in die Geschichte eingegangen ist, verfeinerte das MfS sein Überwachungssystem. Eine am 15. Mai 1966 erlassene „Dienstanweisung zur politisch-operativen Bekämpfung der politisch-ideologischen Diversion und Untergrundtätigkeit unter jugendlichen Personenkreisen in der DDR" definierte langfris-

Jürgen Trübenbach

Waldemar Weiz, 1976

tige Strategien. Sie gab Interpretations- und Handlungsschablonen vor, die dann auch den Umgang mit der Bluesszene bis zum bitteren Ende prägten. Dazu zählte die Manipulationsdoktrin, die in jeglicher Aufweichung des gesellschaftlichen Egalitätsprinzips eine „vom Gegner organisierte Feindtätigkeit“ entdeckte: „Die Jugend der DDR stellt im System der psychologischen Kriegsführung einen besonderen Angriffspunkt dar. Ein koordiniertes Zusammenspiel zwischen dem Bonner Staatsapparat, den westlichen Geheimdiensten, den Agentenzentralen und Zentren der ideologischen Diversion, zwischen westdeutschen Jugendorganisationen, Film- und Starclubs, kirchlichen Institutionen, Rundfunk, Presse und Fernsehen u. a. ist darauf ausgerichtet, die Jugend der DDR vom Einfluss der sozialistischen Ideologie zu isolieren, in die Passivität zu drängen, eine Atmosphäre der allgemeinen Unsicherheit und zeitweilig in bestimmten Territorien Bedingungen zu schaffen, die zu Zusammenrottungen und Ausschreitungen Jugendlicher führen sollen.“[15] Die Dienstanweisung legte auch den strategischen Grundstein für die Observation und „Zersetzung“ von „negativ-dekadenten Jugendlichen“, wie das pauschalisierende Etikett fortan lautete. Sie schrieb vor: „Durch zielgerichtete Werbungen unter Mitgliedern der westlich orientierten Musikgruppen und ihrer Anhängerschaft ist eine ständige operative Kontrolle zu sichern.“[16]

Ende der Sechzigerjahre spitzten sich die Repressalien zu – eine Folge des innenpolitischen Klimawandels nach der Zerschlagung des Prager Frühlings. Die Stasi rüstete mit Großaktionen wie „Jubiläum“, „Stafette“ oder „Nachstoß“ zum landesweiten Säuberungsfeldzug. Das härtere Vorgehen reagierte aber auch auf das Hinüberschwappen der Hippiewelle. Die Idee von Woodstock fiel in der DDR auf fruchtbaren Boden – und multiplizierte die Probleme. Im Kraftfeld der Flower Power expandierten die sozialen und kulturellen Dimensionen der Langhaarigenszene, erreichten Habitus, Gemeinschaft und Mobilität ein neues Niveau. Die Kluft zum Leitbild der „sozialistischen Persönlichkeit“ riss immer tiefer.

Vertrauliche Berichte zeichneten apokalyptische Szenarien. Sie registrierten eine Zunahme jugendlicher Cliquen, denen Musik das Programm stiftete. Ihr Aktionsradius war nicht mehr auf den Tanzsaal und die Straße beschränkt, sondern erfasste zusehends private Räume, wo man ungestört alternative Lebensstile praktizieren und seiner Begeisterung für Blues, Rock oder Soul freien Lauf lassen konnte. Intern häuften sich Meldungen über „Kommunen", „Partywohnungen" und „Beatschuppen". Die Polizeidirektion des Bezirkes Erfurt resümierte im Januar 1970 die Überprüfung von sieben „Beat-Klubs" mit zum Teil verbandsähnlichen Strukturen und kriminellem Potenzial, was man im gemeinsamen Hören von „Feindsendern", „ruhestörendem Lärm", „sexuellen Ausschreitungen" und dem Nachahmen der „Lebens- und Verhaltensweisen" westlicher „Idole" witterte.[17]

Ulrich Wüst

Zwiebelmarkt in Weimar, Oktober 1971

Gammler-Song

Langes Haar, das tragen wir
Gammler nennt man uns nur hier
Sind weitab von Glück und Freud
Und die Freiheit ist so weit

Langes Haar, das tragen wir
Gammler nennt man uns nur hier
Sind die Fans der Rolling Stones
Doch nur Strolche nennt man uns

Und die Grünen schlagen zu
Heut ein Gammler, morgen du
Keine Zelle ist mehr frei
Hundert Mann und ich dabei

Langes Haar, das ist der Grund
Man verfolgt uns jede Stund
Und zwingt uns zur Zwangsarbeit
Wo bleibt denn da die Gerechtigkeit

Unser Ruf heißt deshalb „Helft!“
Er geht um die ganze Welt
Hallo Fans, kommt, seid bereit
Kämpft mit uns um die Gerechtigkeit

Gammler hier und Gammler dort
Hippies sind an jedem Ort
Morphium und LSD
Alles ist bei uns o. k.

Das Leben ist nur Hetzerei
Doch das geht einmal vorbei
Und die Zellen werden frei
Hundert Mann und ich dabei

Anonym. BStU, MfS ZA, HA XX, 6193, Bl. 105.

Mancherorts grassierte Kopfjägerstimmung. Am 21. Oktober 1969 wurden auf Beschluss der SED-Kreisleitung Langhaarige in Pößneck, Neustadt/Orla und Triptis abgefangen und agitiert. Wer nicht freiwillig zum Frisör ging, wurde gewaltsam hingeschleppt. Insgesamt landeten 67 junge Männer unterm Messer. Der Terrorakt löste heftige Empörung aus. An den beiden folgenden Tagen trafen sich jeweils rund 200 Gleichgesinnte zum lautstarken Protest auf dem Pößnecker Marktplatz. Es kam zum Schlagabtausch mit der Polizei, 39 Personen wurden festgenommen.[18]

Im Dorfsaal-Underground

Die Druckwelle der 11. ZK-Tagung von 1965, auf der Walter Ulbricht und Genossen gegen den „Dreck, der vom Westen kommt" und die „Monotonie des Jay, Jeh, yeh [sic!]"[19] zu Felde zogen, drängte die Langhaarigenszene in den Schutzraum der Kleinstädte und Dörfer. In der Provinz tickten die Uhren anders, wies das Netz der Kontrolle und Disziplinierung größere Maschen auf. Während staatliche Veranstalter zur Vollzugsgewalt der Antibeatkampagne erklärt wurden und kalte Füße bekamen, kümmerten sich die privaten Dorfsaal- und Kneipenbesitzer kaum um die härteren Bandagen. Auftrittsverbote perlten am Geschäftsinteresse ab. In ihrem Reich galt das Faustrecht des rollenden Rubels. Auflagen wurden, solange es irgendwie ging, ignoriert bzw. durch Korruption ausgehebelt.

Auch als sich Anfang der Siebziger mit dem Wechsel von Ulbricht zu Honecker das Blatt wendete und die seit Jahren verketzerte Musik den Segen des Staates empfing, blieb der Dorfsaal-Underground das bevorzugte Rückzugsgebiet der langhaarigen Jeans- und Parkaträger. Das Thüringer Land barg solche Refugien etwa in Schlettwein, Vieselbach, Miesitz, Themar, Veilsdorf, Greußen, Stockhausen, Kerspleben, Gräfenroda, Teichwolframsdorf, Niedergrunstedt, Possendorf, Viernau, Altengottern, Schönau an der Hörsel, Buttelstedt, Dingelstädt,

Rolf A. Goethe

Bluesfasching Apolda

Heuthen, Uder, Beuren, Birkungen, Stadtilm, Saalfeld, Großfahner, Ingersleben, Brotterode, Urnshausen, Schloßvippach, Kleinmölsen und Wandersleben. Dort herrschte ein anarchisches Regime, das die kleinkariert-sozialistischen Vorstellungen von Anstand und Sitte komplett aus den Angeln hob. Ambiente und Interieur der Läden waren rustikal, nicht selten rangierten Hygiene, Brandschutz und Ausschank unterhalb der zulässigen Standards. Doch genau dieser Hauch von Verfall und Meuterei war ein unverzichtbares Ingrediens der Parallelwelt. Wer den Einlass passiert hatte, betrat quasi rechtsfreien Raum. Hier war es eng, laut und verqualmt. Flaschen wurden herumgereicht, Bier, Wein und Schnaps in rauen Mengen ausgeschenkt. Manchmal pumpte der Alkohol das Adrenalin in die Höhe. Trotzdem ging es friedlicher zu als bei jeder Dorfdisko. Über dem Chaos schwebte der Geist von „Love & Peace". Und die Musik hielt das eigenwillige Happening wie eine Klammer zusammen.

Anfangs mischten sich die verschiedensten Stile im ländlichen Untergrund, denn westlich gefärbter Rock & Pop fand kaum eine offizielle Bühne. Er galt per se als politisch riskant, als ein Narkotikum, das der „Klassenfeind“ geschickt im Kalten Krieg einzusetzen wusste. Die neuen Sounds und Rhythmen umwehte eine Aura von Hedonismus und Rebellion – ganz gleich, ob es sich um verklausulierten Art Rock à la Emerson, Lake & Palmer, geradlinigen Hard Rock im Stile von Deep Purple oder ambitionierten Jazz Rock nach dem Vorbild von Colosseum handelte. Einheimische Bands brachten die angloamerikanischen Hits und großen Werke möglichst originalgetreu zu Gehör. Sie sahen sich als Kopisten, als Dienstleister des Publikums, und nährten die wärmende Illusion von Weltläufigkeit, Freiheit. Im Terminkalender eines Musikenthusiasten der frühen Jahre standen die Stern Combo Meißen, Renft und die Bürkholz-Formation ganz selbstverständlich neben Mama Basuto, Vaih hu oder der Johannes Biebl Bluesband.

IM „Dorothea Willer“, eine laut Stasi „arbeitsscheue“ und „zum übermäßigen Alkoholgenuss“ neigende Tramperin, war von der Kreisdienststelle Gera 1970 „für den Einsatz unter labilen und kriminell gefährdeten Jugendlichen“[20] angeworben worden. Sie berichtete über den stark frequentierten Lindenhof in Scheubengrobsdorf. Weil das Angebot an professionellen Live-Gigs eher übersichtlich war, traf sich bei den Auftritten von Bayon, SOK, der Puhdys und Stern Combo, des Studio Teams Leipzig oder des Modern Septetts eine bizarre Mischung. „Es ist jetzt alles dort vertreten: Bahnhofsgammler, alte Schlägertypen, die sonst im Bären und im HdB verkehren, Bauern und auch die Leute, die wirklich wegen der guten Musik hinfahren.“[21] Die Nautiks aus Erfurt, die nach Auskunft der Informantin „ausschließlich Blues“ gespielt hätten, wussten die 600 Teenager und Twens mit sensiblen Tönen zu fesseln: „Während ihrer Darbietungen war der Saal fast still.“[22]

Mitte der Siebziger wurden die musikalischen Toleranzgrenzen enger gezogen. Die meisten der alten Kämpen waren inzwischen Medienstars und hatten ihre Bodenhaftung und Glaubwürdigkeit verloren. Fans reagierten mit Liebesentzug und straften die Arrivierten als „Verräter". Der Livealltag spaltete sich in Hochkultur und Underground. Die Jeans-und-Parka-Fraktion verfiel mehr und mehr jener Musik, die weiterhin fernab des medialen Mainstreams Wellen schlug und zum Inbegriff von Wahrhaftigkeit aufstieg: Blues, Southern Rock und Folk Rock.

Thüringen erwies sich als besonders fruchtbarer Landstrich. Hier waren etliche der Bands zu Hause, die der ostdeutschen Kundenszene den Soundtrack lieferten. Verglichen mit den rocklastigen und R-&-B-fixierten Vertretern aus Berlin oder Leipzig, wurzelten die thüringischen Musiker stärker in Country Blues, Folk und Jazz. Es war kein Zufall, sondern Konsequenz, dass sich der Berliner Folk-Blues-Barde Stefan Diestelmann nach dem schwer zu toppenden Erfolg der Debüt-LP seine Mitstreiter in Thüringen suchte.

Bands und Blaupausen

Diestelmann fand sie im Dunstkreis der Eisenacher Band Travelling Blues.[23] Seit seiner Gründung 1973 bewegte sich das Quintett in verschiedene Richtungen, blieb es stilistisch offen und experimentierfreudig. Man kreuzte Blues mit Jazz, Folk und Klassik, vertonte Heinrich Heine und gab kommentierte Schülerkonzerte unter dem Motto „Blues – Ursprung und Aktualität". Nie geriet die Quelle aus dem Blick. „Vorbilder für uns sind authentische, schöpferische Blueskünstler schwarzer Hautfarbe",[24] bekannte Gitarrist und Sänger Peter Montag, Initiator der Neuformierung von Travelling Blues 1976. Das „Hervorragende Volkskunstkollektiv der DDR" war im Tanzsaal und Studentenklub genauso zu Hause wie auf den großen Jazzfestivals von Jena, Krakau und Slaný. Es fuhr zum „Liedersommer der FDJ" nach Berlin und spielte mit Jürgen Kerth bei „Rock für den Frieden" im Palast der Republik. Montags bis freitags als Uhrmacher oder BMSR-Techniker tätig, enterten die Musiker an den Wochenenden die Bühnen. Pro Jahr bestritten sie bis zu 70 Auftritte.

Archiv Dieter Gasde

Travelling Blues, ca. 1975, von links: Christoph Martin Neumann, Mike Ullrich, Rolf Schmidt, Dieter Gasde, Hans-Peter Beck

Amateurstatus besaß auch die Kapelle Ergo, deren Personal aus Erfurt und Gotha stammte und die von Waldemar Weiz nach seinen Stationen bei Die Drei und Modern Blues ins Leben gerufen wurde.[25] Ergo besetzten die Schnittstelle von Blues, Jazz Rock, Soul und Funk und produzierten etliche Songs beim Sender Weimar. 1983 stieg Angelika Weiz aus, um sich als Jazz- und Popsängerin zu profilieren. Am 16. Januar 1985 gab die Band ihr Abschiedskonzert; 2006 kam es zur Neugründung.

Einen weit über Thüringen hinausreichenden Ruf besaßen auch Pro Art und Knuff. Pro Art aus Ilmenau begannen 1973 als Jazz-Rock-Projekt und folgten ab 1980 resoluter den blauen Tönen.[26] Sie spielten einen muskulösen Blues, der sich vor B.B. King, John Mayall, Eric Clapton und Johnny „Guitar" Watson verneigte und trotzdem eine eigene Note trug, Raum ließ für Inspiration und Improvisation. 1987 wurde die eher puristische Ausrichtung zugunsten von Funk, Jazz Rock und Latin geweitet, was nicht jeder Fan goutierte. Ambitioniertere Wege schlugen auch Knuff ein, deren Visitenkarte „eine Kopf- und Körpermusik aus Weimar/Thüringen" versprach.[27] Anfangs hatte man die Evergreens von Canned Heat oder Fleetwood Mac im Programm und schloss am Geigensound von Don „Sugarcane" Harris und „Papa" John Creach an. Neben Blues spielten Knuff Jazz Rock, Irish Folk, Country, Swing und Southern Rock. Weil sie Schritt für Schritt selbst komponierte Titel mit deutschen Texten über die Rampe brachten, wurde ihnen 1982 die höchste Amateureinstufung zuerkannt: Sonderstufe mit Konzertberechtigung.

Vorerst mit einer „Oberstufe"[28] mussten sich Klappstuhl zufrieden geben.[29] Der Band wurde im Rahmen der „Leistungs-

Archiv Dieter Georgi

Klappstuhl, ca. 1985, von links: Thomas Hofmann, Dieter Georgi, Axel Schmidt

schau der Amateurtanzmusik des Bezirkes Erfurt“ am 6. November 1982 großes Potenzial attestiert: „Das ist nicht nur eine gute Idee, sondern auch ein gesundes Anliegen, originelle Texte in thüringischer Mundart in hardrockige, blues- und countryrockige, ebenso originelle Musik zu kleiden!“[30] Die Band eiferte als Powertrio ZZ Top, Rory Gallagher, Jimi Hendrix, Stevie Ray Vaughan und Johnny Winter nach.

Etwa zeitgleich mit Klappstuhl starteten Onkel Tom.[31] Aufgestiegen aus der Erbmasse der Erfurter Gruppe Opus 5, lautete das Credo: „Onkel Tom musiziert auf der Grundlage der Rhythm-&-Blues-Tradition, behält sich aber Freiraum für andere stilistische Strömungen vor. Einflüsse von Big City Blues, Swing, Country Rock sind nicht zu überhören. Im Repertoire ist viel eigenes musikalisches und textliches Material, welches mit Standards aus oben genannten Stilrichtungen zu einer abgerundeten künstlerischen Darbietung verschmilzt.“[32]

Michael Rosenburg/Promo

Mr. Adapoe, 1990, von links: Hans Raths, Constanze Freund, Thomas Adapoe, Andreas Martin, Matthias Bätzel, Alexander Urschanow, Peter Klinke

Zwee Kreize

Ön'n Jahre siebzahn hut dar Krieg 'n Mann gefrassen
Da hut ön Trauer se dan Jong geburn
Se hut ön Elend nöch'n Mut varlurn
Un hut's geschafft gehut: ar kreit genongk ze assen

Dar Tud ön zweeten Kriege hulte ihr dan Jongen
Än Zattel hun se of ihrn Tösch gewöscht:
„Vermisst" hut droff gestann – un weiter nöscht
Da brach se zamm – 's Harz war ihr vur Weh zarsprongen

Höng of'n Kerchhuf ös än kleenes Efeuflack
Da stieht än Kreiz, un keener hält es reene
's gitt keens merre, was de Motter kennt

Zweehunnert Kilometer von dan Urte wagk
Da lahnt än Kreiz an änem Ackersteene
Vun ongne morsch, was keenen Namen nennt

Text: Dietrich Kühn, Musik: Dieter Georgi (Klappstuhl)

(Übertragung ins Hochdeutsche: siehe Anmerkungen, S. 167)

Zeitweilig gehörte der Gitarrist und Sänger Thomas Adapoe (*1963) zu Onkel Tom. Er gründete 1986 mit Kommilitonen der Weimarer Musikhochschule Mr. Adapoe – eine der größten Hoffnungen des jungen, modernen Blues in der DDR.[33] Mr. Adapoe spielten eine schwer groovende, äußerst vitale Mixtur aus R & B, Soul, Funk und lateinamerikanischen Rhythmen und verfügten mit dem Namensgeber und der Sängerin Constanze Freund über zwei charismatische Frontfiguren. Den „gemeinsamen Nenner" Blues begriffen die Musiker „nicht als Stil, sondern als Grundgefühl".[34]

Ein Rezensent notierte lakonisch: „Mr. Adapoe – das ist Leben!“[35] Während die meisten Ostkollegen, die sich als Warm-up für internationale Stars auf eine Bühne trauten, gnadenlos ausgebuht wurden, hatten Mr. Adapoe selbst bei Riesenshows alles im Griff: Sie heizten 1988 den Palast der Republik für Woodstock-Veteran Alvin Lee, versetzten die mit schätzungsweise 70.000 Zuschauern gefüllte Radrennbahn Berlin-Weißensee vor einem Auftritt von Funk-Gott James Brown in Schwingungen und ernteten Beifall statt Pfiffe.

Daheim, im thüringischen Unterholz, hielten derweil Kapellen wie die Feedback Blues Band, Wilder Wein, Bahnsteig 2, Gong, Löwenzahn, Mob, Hofmeister, Froschlaich und Huflattich die Fahne hoch. Einen klangvollen Namen besaßen Jürgen Postel (*1951) und Helmut Pötsch (*1947) aus Weimar/Vollmershain. Vor ihrer Zeit als Folk-Blues-Duo waren sie mit verschiedenen Projekten separat unterwegs.[36] Die Wege kreuzten sich in der 1977 gegründeten Gruppe Frachthof, welche nicht nur ein Szenemagnet war, sondern auch als thüringische Kaderschmiede funktionierte.[37] Beseelt vom Blues Rock à la John Mayall, Eric Clapton, Rory Gallagher, ZZ Top oder Little Feat, zog die Band ganze Heerscharen von blau-grün uniformierten Fans und damit die sattsam bekannten „Probleme“ an. Frachthof wurden regelmäßig in die Amtsstuben zitiert, Veranstaltungen fielen fadenscheinigen Gründen zum Opfer. Um die Behörden zu täuschen und eine Revision des alten Konzepts vorzuspiegeln, benannte man sich kurzfristig in Holunder um. Die Lösung war nicht von Dauer, Stück für Stück entwich der Kapelle Energie.

Schon lange vor dem Ende von 1985 entsprossen Frachthof kräftige Seitentriebe. Ab 1981 bedienten Postel & Pötsch, mitunter als Blues etc. pp. annonciert, die akustische Flanke. Sie wandelten auf den Pfaden von Sonny Terry & Brownie McGhee, Big Bill Broonzy und Mississippi John Hurt, komponierten und texteten eigene Lieder oder vertonten Gedichte von Heinz Kahlau und Jens Gerlach. Mit dem Dresdner Dichter Ulrich Heiter mischten sie „Blues und Lyrik“, die Mundharmonikaspieler Andreas und Hans Penzoldt erweiterten als Gäste den klang-

Archiv Jürgen Postel

Frachthof, 1983, von links: Andreas Schnabl, Helmut Pötsch, Manfred Haucke, Jürgen Postel, Hellmut John

lichen Horizont. Helmut Pötsch trat parallel solistisch bzw. mit anderen Musikerkollegen auf, darunter der Sänger Frank Friebel alias Big Minna.

Zum Dunstkreis von Postel & Pötsch gehörte auch der Pianist Alexander Blume (*1961). Durch seinen Vater Manfred, der als Posaunist und Kopf der „Arbeitsgemeinschaft Jazz Eisenach" aktiv war, wurde Alexander schon früh mit afroamerikanischer Musik konfrontiert. Er spielte Dixieland mit den Down Beat Stompers und stieg im Alter von 16 Jahren bei Travelling Blues ein. Wenige Monate später entdeckte ihn Stefan Diestelmann, der erste Medienstar des ostdeutschen Blues. Er engagierte den talentierten Teenager für Tourneen sowie Studioaufnahmen. Die fruchtbare und karrieredienliche Zusammenarbeit endete 1984 mit Diestelmanns Flucht gen Westen.

Alexander Blume wechselte zur Blues-Rock-Combo Zenit, stellte ein Boogie-Woogie-Soloprogramm auf die Beine und rief 1988 die Intercity Bluesband ins Leben. Das staatliche

Archiv Alexander Blume

Stefan Diestelmann Folk Blues Band, Rostock, ca. 1982, von links: Alexander Blume, Stefan Diestelmann, Hans Wintoch (Hans die Geige)

Popmusiklabel Amiga veröffentlichte im selben Jahr Blumes erste Langspielplatte.

Sein riskantes Umfeld – der Vater wurde im Operativen Vorgang „Blues" von der Stasi „bearbeitet", und Stefan Diestelmann sank als Messias der Kundenszene und mit regimekritischen Äußerungen vom Paulus zum Saulus – schlug bei den Sicherheitsorganen negativ zu Buche. Im Sommer 1979 eröffnete die Stasi eine Operative Personenkontrolle gegen Alexander Blume, weil er „im dringenden Verdacht" stand, gemeinsam mit drei Freunden „die Staatsgrenze der DDR widerrechtlich zu passieren".[38] Denunzianten diktierten den Organen „belastende Momente" in die Feder, unter anderem: „ablehnende Haltung zu unseren gesellschaftlichen Verhältnissen", „verkehrt in kirchlichen Kreisen", „Mitglied der Jazz-Gruppe 'Travelling Blues'",

„westlich orientiert", „laufend Einreisen aus der BRD durch Verwandte".[39] Man trieb den Oberschüler in die Enge, tauschte seinen Personalausweis gegen eine „Passersatz- und Meldebescheinigung" PM 12 und versuchte, ihn zur inoffiziellen Mitarbeit zu bewegen. Als erste Undercover-Mission sah die Stasi den Besuch einer zweitägigen, von der Kirche organisierten „Jazz-Veranstaltung" in Altenburg vor, die zur „politisch-ideologischen Diversion"[40] missbraucht werden könnte. Doch Alexander Blume zog den Kopf aus der Schlinge: Er dekonspirierte sich über seinen Bruder und lehnte weitere Gespräche mit dem MfS ab. Dem Führungsoffzier in spe erklärte er, „dass er notfalls alle Konsequenzen aus seiner jetzigen Entscheidung ziehen wolle, bis zum Verzicht auf das Studium bzw. strafrechtliche Maßnahmen".[41] Ein von der Stasi für den 8. April 1980 anberaumtes Treffen sagte Blume telefonisch ab. Als man ihm drohte, legte er kurzerhand den Hörer auf.[42]

Einen ähnlichen, wenn auch komplexeren Fall dokumentieren die Akten über Wilfried Woigk.[43] Der Gothaer Spurenleger war einer der Pioniere des Rock und Blues der DDR. In den stürmischen Sechzigerjahren gehörte seine Band The Polars wie die Spotlights, Unisonos oder Garage Players[44] zur Phalanx bluesinfizierter Beatmusik. Der ständige Druck, den die Instanzen ausübten, und die zyklischen Verbotswellen führten zu wechselnden Namen und Projekten. Aus den Polars, die sich in Wostoks umbenennen mussten, ging die Reiner-Fritzlar-Combo hervor, die wiederum zur Studio-Gruppe 72 transmutierte. Nach einer weiteren Metamorphose erblickten Blues Vital das Licht.[45] Zur Hälfte aus Studenten der Weimarer Musikhochschule bestehend, hegte man große Ambitionen, coverte Taste, Jethro Tull, Colosseum, Cream, B. B. King oder J. B. Lenoir.

Die Band wurde in eine jugendpolitische Liberalisierungsphase hineingeboren und genoss offizielle Anerkennung. Sie erhielt während der ersten „FDJ-Werkstattwoche der Jugendtanzmusik", die im Oktober 1972 in Frankfurt/Oder stattfand, einen „Sonderpreis", fuhr zu den „X. Weltfestspielen der Jugend und Studenten" 1973 nach Berlin und produzierte beim Rundfunk.

Jürgen Trübenbach

Blues Vital, 1973, von links: Wolfgang Klawonn, Bärbel Müller, Thomas Abendroth, Wilfried Woigk, Ulrich Faßhauer, Michael Schwandt

1975 rückte sie ins Profilager auf. Weil man künftig stärker in Richtung Rock steuern wollte, wurde der Name zu Vital verkürzt.

1983 quittierte Wilfried Woigk seinen Dienst. Er arbeitete bereits seit 1981 zweigleisig – mit Vital und den reformierten Polars. Nun stand eine neue Band in den Startlöchern: Pasch.[46] Diese Gruppe wusste wie kaum eine andere, die Gräben zwischen den Szenen zu überbrücken. Pasch traten in die Fußstapfen von Roger Chapman oder Eric Burdon und stießen den Anarchoschrei der Ton Steine Scherben aus. Auf ihren Konzerten vermischte sich der Segelfliegertanz des Parkaträgers mit dem Pogo der Punks. Eigene Songs nahmen die Verhältnisse in der DDR aufs Korn, sie sangen gegen Resignation, ökologischen Selbstmord und den Kriechgang des Opportunismus an.

Nach Lesart der Sicherheitsorgane entfalteten derlei „sozialismusfremde Auffassungen“[47] eine „unvertretbare Öffentlichkeitswirksamkeit in politisch-feindlicher Hinsicht“.[48] Weil sie et-

Archiv Wilfried Woigk

Pasch, 1985, von links: Stefan Schulze, Andreas Kirchner, Wilfried Woigk, Torsten Volkmann, Viola Woigk, Rüdiger Schorr

lichen Veranstaltern zu explosiv waren und Kapellenchef Woigk das Stigma eines Ausreiseantrags trug, zogen sich Pasch immer wieder auf kirchliches Hoheitsgebiet zurück. 1987 gewährten sie der Underground-Ikone André Greiner-Pol, den der Ostberliner Magistrat mit einem „lebenslangen“ Auftrittsverbot kaltgestellt hatte, Unterschlupf.[49] Greiner-Pol brachte nicht nur das toxische Liedgut seiner Band Freygang mit, sondern auch deren Anhang und ein gerüttelt Maß an Ketzerei.

Wilfried Woigk und Pasch-Sänger Andreas „Kirsche“ Kirchner, der 1977/78 als Kunde und „Anhänger der Ideologie von Biermann“[50] in einer Operativen Personenkontrolle „bearbeitet“ worden war, standen zu diesem Zeitpunkt bereits unter intensiver Beobachtung des MfS. Gegen sie lief seit 1986 der Operative Vorgang „Flieger“. Das Codewort spielte auf jene Langhaarigen an, die „sich bei den Auftritten der Gruppe 'Pasch' in ein tranceartiges Verhalten hineinsteigern und mit

Gib trotz der Dunkelheit nicht auf

Wenn du die Schnauze voll
Und das Leben satt hast
Deine Frau ist abgehau'n
Dein bester Kumpel sitzt im Knast
Zu Hause hast du 'ne feuchte Wohnung
Dein Freund, das Radio, ist kaputt
Klar denken kannst du schon lang nicht mehr
Um dich rum ist alles Schutt

Gib trotz der Dunkelheit nicht auf
Manchmal liegt der Fehler auch bei dir
Ich hab schon Ähnliches erlebt wie du
Das Licht kommt wieder, glaube mir

Wenn du um dich rum
Nichts als Missgunst und Falschheit siehst
Wenn Liebe nicht mehr existiert
Und du dein eigner Feind bist
Dein Job kotzt dich an
Wozu das alles, ich bin so allein
Du willst raus aus deiner Haut
Fühlst dich beschissen und so klein

Gib trotz der Dunkelheit nicht auf [...]

Text: Andreas Kirchner, Musik: Andreas Kirchner/Klaus Müller von Baczko (Pasch)

seitlich ausgestreckten Armen über die Tanzfläche 'gleiten' bzw. 'fliegen'".[51]

Der geballte Zugriff der Stasi wollte Woigk und Kirchner „Staatsverleumdung" nachweisen und den Zustrom der Fans, gerade bei Konzerten in Grenznähe, stoppen. „Darüber hinaus sollen spektakuläre Auftritte mit provokativem Inhalt verhindert und Voraussetzungen zur Zersetzung der Gruppe geschaffen werden."[52] Mancherorts fackelten verschreckte Schreibtischtäter nicht lange und setzten Pasch auf den Index. Das kam einem Berufsverbot gleich, denn die Kapelle besaß Profistatus. Wilfried Woigk wehrte sich und schrieb am 9. Januar 1987 eine Eingabe an das Ministerium für Kultur. Er sprach ohne Umschweife eine „schwarze Liste" an, die im Bezirk Suhl unter Veranstaltern kursiere.[53] Knapp zwei Jahre später wurde Woigk aus der DDR-Staatsbürgerschaft entlassen; Andreas Kirchner ging bereits 1987 von Bord und gründete Kirsche & Co.[54] Im Abschlussbericht des OV „Flieger" schätzten die Stasi-Offiziere ein, dass es ihnen gelungen sei, „die Gruppe im Ergebnis einer nachhaltigen Disziplinierung zu spalten".[55] An die Spitze von Pasch rückte der Keyboarder Lothar Wilke.

Auch Jürgen Kerth geriet ins Fadenkreuz der geheimdienstlichen Ermittler. Der ungekrönte König des thüringischen Bluesbiotops errang mit den 1963 rekrutierten Spotlights, Team 65, Joker und den Unisonos erste Meriten. Ab 1970 trat der Gitarrist und Sänger unter eigenem Namen auf. Ein Jahr zuvor gab Kerth mit Produktionen beim Sender Weimar seinen Medieneinstand. Bis 1975 folgten etwa 45 Rundfunkaufnahmen, innerhalb kurzer Zeit wurden drei Langspielplatten veröffentlicht: „Gruppe Jürgen Kerth" (1978),[56] „Komm herein" (1980) und „Gloriosa" (1982). Wie kein anderer Bluesmusiker aus Thüringen war der gebürtige Erfurter durch Presse, Funk und Fernsehen überregional präsent. Seine Songs liefen in den nationalen Hitparaden, Kritiker und Hörer kürten ihn mehrfach zum besten Gitarristen der DDR. Angefixt von B. B. King und Jimi Hendrix, überzeugte Kerth mit einer sensiblen und professionellen Melange aus Blues, Soul, Swing und Reggae. Die Texte reflektierten Alltägliches auf schlichte, nie rockerhaft-machomäßige Weise, augenzwinkernde Charakterstudien über „Martha“ oder „Helmut“ wurden von den Fans zu Hymnen vergoldet. Kerth wollte immer „für Tränen und Gänsehaut spielen“.[57] Einen Umzug in die Hauptstadt, wo Ruhm und Geld lockten, lehnte der Lokalpatriot ab: „Du kommst nach Berlin, bist entwurzelt und denkst nur an die Karriere. Und am Ende weißt du gar nichts mehr.“[58] Lieber blieb er „ein mittelgroßer Dauerbrenner“ – „denn wer hoch steigt,

Herbert Schulze

Gruppe Jürgen Kerth, 1977, von links: Lothar Wilke, Jürgen Kerth, Eberhard Meyerdirks, Roland Michi

fällt meist tief".[59] So hat er die Moden und politischen Wenden überstanden: „ehrlich und bescheiden, grundsolide und konservativ, weil ohne Experimente, Mätzchen und Firlefanz und ohne den üblichen Kotau an den Zeitgeist".[60]

Kerths Bodenständigkeit stieß nicht nur auf Sympathie. Missgunst und Verrat trachteten nach seiner Integrität. Man unterstellte ihm Fluchtpläne und illegalen Waffenbesitz und rief die Sicherheitsorgane auf den Plan. Am 25. November 1977 legte das MfS eine „Personenkontrollakte" an, die Jürgen Kerths politische Gesinnung und den Charakter seiner Band klären sollte.[61] Man kam nicht umhin, den tadellosen Leumund zu bestätigen. Interne Einschätzungen beurteilten ihn als „loyal",[62] „höflich und hilfsbereit".[63] IM „Sender" gab den Kenner: „Kerth bringt eine saubere Jazz-Musik."[64] Krampfhaft suchten die Tschekisten das Haar in der Suppe, man kritisierte „Westkontakte"[65] und ein mangelhaftes gesellschaftliches Engagement. „Zu politischen Höhepunkten schmückt er sein Haus nicht",[66] kreidete Hauptmann Schacke an.

Nach sieben Monaten wird das Dossier geschlossen. Kerth und seine Ehefrau hält man allerdings auch „weiterhin durch inoffizielle Quellen" des MfS „unter Kontrolle".[67] Vorerst läuft die Anschwärzerei ins Leere. „Der Verdacht der Vorbereitung des ungesetzlichen Verlassens der DDR hat sich nicht bestätigt", heißt es im Resümee. Das Gutachten endet mit dem Vermerk, „dass die Jürgen-Kerth-Combo als progressive Musikformation eingeschätzt wird."[68]

Tramper-Rituale

Szenehelden wie Wilfried Woigk, Thomas Adapoe oder Jürgen Kerth waren Starallüren fremd. Ihre Bühnen besaßen keinen Backstage-Bereich, man konnte mit ihnen am Tresen die Welt neu sortieren. Die Erfahrungshorizonte waren ähnlich, nur verfügten die Musiker über die Medien einer zusammenschweißenden, tief unter die Haut dringenden Kommunikation. Wenn sie die Verstärker einschalteten, spürte das Publikum den Befreiungsschlag. Dann flossen gewaltige Energieströme. Im Dorfsaal konnte man sich gehen lassen und aus den geregelten, grauen Verhältnissen ausbrechen – befeuert von Sound und Rhythmus, Alkohol und großherziger Verbrüderung. Für ein paar Stunden wurden die Gesetze der Schwerkraft ausgehebelt. Stärkung und Spaß verhießen aber auch die Zeremonien, die sich um die Konzerte rankten: das Wiedersehen in der Mitropa oder auf der Piste, die Euphorie beim Frühschoppen. Hier fiel der Alltag von einem ab, tauschte man die Monotonie der Tretmühle gegen Action und feierte den Weg als Ziel.

Gern zeigte sich der Kunde als Bürgerschreck. Er trieb mit Habitus und Haltung den Blutdruck all jener in die Höhe, denen der Sinn von Blues und langen Haaren verschlossen

Hans-Helmut Kurz/Robert-Havemann-Gesellschaft

Robert-Havemann-Gesellschaft

blieb. Eltern und Autoritäten, aber auch gleichaltriger Spießernachwuchs wurden mit Lässigkeit und rüden Manieren provoziert. Die Parteileitung der Hans-Beimler-Oberschule in Penig beschwerte sich am 11. Juli 1977 beim ZK der SED „über das Auftreten einer Gruppe Jugendlicher zur 750-Jahr-Feier". Mehrere hundert „Tramper oder Gammler" hatten das Stadtbad okkupiert und störten das Volksfest empfindlich. Der Verfasser listete eine ganze Litanei sittlicher Vergehen auf, unter anderem: „Sie benahmen sich grundsätzlich flegelhaft (rülpsten ungeniert laut, schlugen ihr Wasser an jedem beliebigen Ort in aller Öffentlichkeit ab, übten öffentlich Geschlechtsverkehr aus usw.). Sie befolgten grundsätzlich nicht die Anweisungen der Ordner und des Bademeisters. (Sie badeten trotz Badeverbot, benutzten keine Badekappen, badeten in voller Kleidung oder nackt, warfen Bierflaschen ins Bad und ins Gelände, sie zerstörten teilweise den Zaun des Bades, machten die Toiletten unbrauchbar usw.) [...] Sie tranken fast ununterbrochen Bier und waren fast ständig betrunken bzw. traten wie Angetrunkene auf.“[69]

Die Horden von Langhaarigen, die an den Wochenenden das ländliche Idyll störten, stellten die Dorfbewohner auf eine echte Belastungsprobe. Der seiner Ruhe beraubte Bürger war nicht weniger aufgebracht als die politisch motivierten Sicherheitsorgane. In den Giftschränken stapelten sich apokalyptische Berichte über enthemmte Jugendliche und kollabierende Infrastrukturen. Zu einem Konzert mit Monokel reisten am 8. März 1980 etwa 800 Fans „aus fast allen Bezirken der DDR“ nach Pößneck. Der Saal hatte eine „Stuhlkapazität von 250 Personen“ – das Chaos schien unausweichlich. Es wurde durch einen deeskalierenden Schachzug abgewehrt. „Neben Verkehrsbehinderungen, Notdurft auf Straßen und Plätzen, Zerschlagen von Alkoholflaschen, gewaltsames Eindringen in den Veranstaltungsraum, Betteln um Speisen und Unterkunft, war diese Veranstaltung typisch für ein asoziales Verhalten von einem großen Teil der Jugendlichen. Da ein großer Teil der Teilnehmer nach der Veranstaltung ihre Heimatorte nicht erreichen konnte, wurden im Veranstaltungsraum und im Warteraum des Bahnhofes für ca. 600 Jugendliche Notübernachtungen eingerichtet.“[70]

Monokel aus Berlin, die den Ansturm ausgelöst hatten, waren wie Engerling, Hansi Biebl, Passat, Simple Song, Hufnagel, Jonathan, Handarbeit oder Z. O. P. F. regelmäßig in den thüringischen Blueshochburgen anzutreffen. Sie brachten ihren Anhang mit – Kunden aus der ganzen DDR. Mobilität war ein pragmatischer Wesenszug der Szene und zugleich Teil der Philosophie. Wer etwas erleben wollte, musste sich auf den Weg machen. Die Rastlosigkeit spiegelte aber auch das schwer zu stillende Fernweh, die Sehnsucht nach Veränderung. Thüringen war kein hermetisch abgeriegeltes Revier, sondern ein offenes Einzugsgebiet für Seelenverwandte aus der gesamten Republik. Und den Blueser, der dort wohnte, trieb es genauso in die Weite. Er trampte nach Sachsen oder Brandenburg, war Stammgast in den angesagten Läden von Gaschwitz,

Röderau, Auerbach-Hinterhain, Mülsen St. Niclas, Ebersbrunn, Schöneiche, Ruhland, Altdöbern und Werben. Nördlich Berlins dünnte der Underground merklich aus.

Die Szene war überregional vernetzt. Auch ohne Telefon und gegen den Druck der Stasi existierten gut funktionierende Informationskanäle. Termine sprachen sich per Mundpropaganda herum, es kursierten Namen von Gleichgesinnten, bei denen man unkompliziert übernachten konnte. Manche dieser Adressen waren als Kommunen nach westlichem Muster oder anarchisches Terrain bekannt. Wer die Insignien des Verbündeten trug, fand eine offene Tür. In den Augen leidgeprüfter Nachbarn und der Observateure waren die Wohnungen Brutstätten der Dekadenz. Hier spülte man sich den Straßenstaub aus den Kehlen und feierte phonstarke Feten. Ab 1976 lockte der vom WDR ausgestrahlte „Rockpalast" Musikfanatiker aus ganz Ostdeutschland vor die Mattscheiben der empfangsstarken Grenzbezirke.

Nahmen die Treffen überhand, hob man die „Tramperquartiere" aus. Razzien „mit gleichzeitiger, absichtlich unterschiedlicher Behandlung der einzelnen anwesenden Jugendlichen"[71] sollten verunsichern, einschüchtern und disziplinieren. Zog diese Strategie nicht, wurden Mietverträge gekündigt und unattraktive Unterkünfte zugeteilt. Die Kriminalpolizei registrierte Ende 1975 zehn „Partywohnungen" im Kreis Altenburg, welche als „Anlaufpunkt von kriminellen und verwahrlosten Personen"[72] fungierten. Ihren Eigentümern, die Spitznamen wie Frosch oder Alk trugen, wies man Einraumwohnungen in Neubaugebieten zu.

Mit Argusaugen wurden auch die internationalen Aktivitäten der Kunden verfolgt. Wer nicht auf der Sperrliste stand und ein Visum erhielt, lotete die Grenzen des Ostblocks aus. Zu den Höhepunkten der Trampersaison gehörten das Warschauer Jazz Jamboree, Platteneinkäufe in Budapest, die Abgeschiedenheit der rumänischen Karpaten oder Pilgerfahrten zum bulgarischen Rila-Kloster und ins polnische Częstochowa. Einen besonderen Reiz hatten die visumfreien

BStU, MfS BV Erfurt, Abt. XX, 181, S. 27, Bild 14

Vor dem U Fleků in Prag

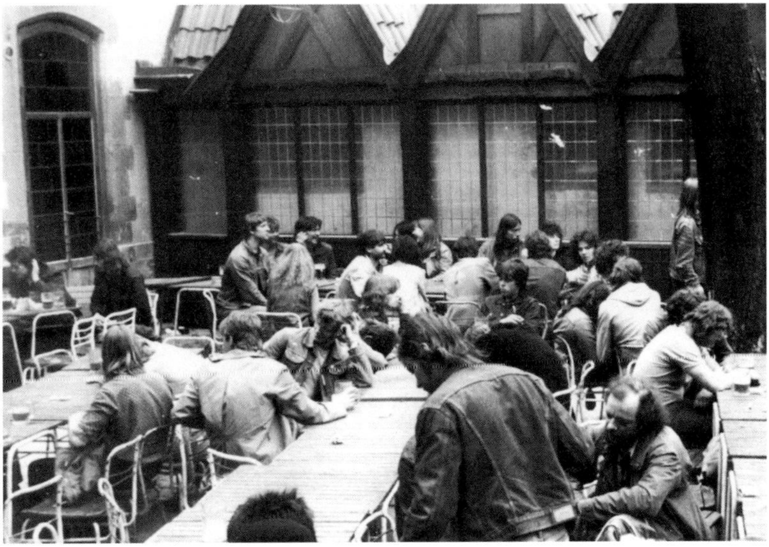

BStU, MfS BV Erfurt, Abt. XX, 181, S. 10, Bild 2

Innenhof des U Fleků in Prag

Reisen nach Prag. In der tschechischen Metropole floss nicht nur das Kultgetränk Schwarzbier – man konnte dort auch alte Freunde wiedersehen, die nach Westdeutschland ausgewandert waren und im Arbeiter-und-Bauern-Staat als unerwünscht galten.

Über Ostern und Pfingsten strömten Legionen von Langhaarigen in das traditionsreiche Brauereirestaurant U Fleků. Der Geheimdienst registrierte diese Zusammenkünfte als „Pennertreffen", „Schwarzbierfest" oder „Deutschlandtreffen" und erkannte ihnen höchste Brisanz zu. Generalleutnant Rudi Mittig, Stellvertretender Minister für Staatssicherheit, ordnete 1980 per Rundschreiben republikweit an, mit allen Mitteln „Pläne und Absichten von feindlich-negativen Jugendlichen in Erfahrung zu bringen", zusätzliche „Maßnahmen der Fahndung und Kontrolle" zentral einzuleiten und auf diese Weise „zu verhindern, dass negative Jugendliche in die ČSSR reisen".[73]

Der erwünschte Effekt blieb aus: Am Osterwochenende 1980 trafen schätzungsweise 1500 bis 2000 DDR-Bürger in Prag ein, die größtenteils „durch verwahrlostes, dekadentes Äußeres und provokatorisch-gesellschaftswidriges Verhalten“[74] auffielen. Reibereien mit der Miliz waren programmiert. „Sie hatte umfangreiche Sicherheitsvorkehrungen im Umkreis der Gaststätte und auf dem Prager Hauptbahnhof getroffen.“ Das U Fleků musste „mehrfach wegen Überfüllung“ und der aus dem Ruder laufenden Zecherei „unter Gewaltanwendung geräumt“ werden.[75]

Im altstädtischen Zentrum durch Krakeelerei oder wildes Nächtigen in Rabatten und Hausfluren auffallende Blueser landeten in Ausnüchterungszellen, wurden, sofern sie überhaupt zahlungsfähig waren, mit Geldstrafen belegt oder kurzerhand „in den Morgenstunden vom Bahnhof Prag-Stred in reservierten Wagen an die Staatsgrenze ČSSR/DDR zur Übergabe an die DDR-Organe gebracht“.[76]

Das Netz der Stasi

Die Hochphase der Kundenbewegung begann Mitte der Siebzigerjahre und endete Anfang der Achtziger. Während dieser Zeit blühte die Szene: Das Heer der Anhänger schwoll auf sein Maximum, stärker als zuvor schossen neue Bands in den Orbit und füllten die Nischen des sozialistischen Alltags mit nachhaltigem Ton. Der Boom hatte unterschiedliche Gründe. Zum einen ebbten die Impulse aus den USA und Großbritannien nicht ab. Künstler wie Rory Gallagher, Johnny Winter, Alexis Korner, ZZ Top, die J. Geils Band, Lynyrd Skynyrd oder Little Feat standen nach wie vor international hoch im Kurs. Wer dem Zeitgeist nicht hinterherhechelte und gedrechselte Wertarbeit der Impertinenz von drei Akkorden vorzog, war selbst in der Ära des Punk kein Anachronismus, sondern Teil eines globalen Trends. Bluesgeschwängerte Rockmusik behielt den Heiligenschein ehrlicher Arbeit, den Geruch von Blut, Schweiß und Tränen.

Archiv Thomas Adapoe

Thomas Adapoe, 1988

Zum anderen reflektierte die nach oben zeigende Kurve das innenpolitische Klima der DDR. Nach dem Liberalisierungsschub der frühen Siebziger wehte schon bald wieder ein kälterer Wind. Illusionen, die bis dato auch so manchen langhaarigen Freak umtrieben, kamen unter die Räder. Das Verbot der Leipziger Gruppe Renft im September 1975 und Wolf Biermanns Ausbürgerung vierzehn Monate später begriffen viele als Sargnagel der sozialistischen Hoffnung. Repräsentative Umfragen des Zentralinstituts für Jugendforschung konstatierten eine schwindende Identifikation mit dem eigenen Land nach 1975, wachsende Zweifel an der gesellschaftlichen Perspektive und den Lehren des Marxismus-Leninismus sowie eine steigende Sympathie für das Modell der Bundesrepublik.[77] Je mehr der Glauben an das System verblasste, desto näher lag der mentale Abschied aus der DDR und der Rückzug in die Gegenwelt des Blues.

Die Stasi trug dem Ausstiegssyndrom mit erhöhter Wachsamkeit Rechnung. In der zweiten Hälfte der 1970er expandierten die Aktenberge und geheimdienstlichen Aktionen. Die streng vertraulichen Unterlagen rückten die Szene in ein politisches Licht, offenbarten gespaltenen Realitätssinn. Während die Phänomene vielfach präzise beschrieben wurden, starrten die Deutungsmuster vor Ideologie. Allein das hanebüchene Vokabular, das von Missbildungen wie „Bloosterbewegung“[78], „Hibbiwesen“[79] und „Gins-Anzüge“[80] durchzogen war, verriet den getrübten Blick. Pauschale Schiedssprüche charakterisierten den Kunden als rundum verdorben und sortierten ihn in die Kategorie „negativ-dekadent“ ein. Er neige „mehr oder weniger zur Asozialität“ und einer parasitären Lebensweise. „Typisch sind Erscheinungen wie Labilität, Haltlosigkeit, Gleichgültigkeit, der Drang, etwas zu erleben und schnell zu viel Geld zu kommen, im engen Zusammenhang mit der Scheu vor geregelter Arbeit.“ Permanent unterliefen die langhaarigen Zigeuner gesellschaftliche Normen: „Anschluss an kriminelle Gruppen, Straftaten, Betteln, Alkoholmissbrauch und andere, dem Sozialismus wesensfremde Erscheinungen prägen das Bild dieser Jugendlichen und zum Teil jungen Erwachsenen.“[81] Hinzu kämen eindeutige Zeichen von Verrohung und moralischer Entgleisung, wozu man die „totale Verwahrlosung der Wohn- und Körperhygiene“ sowie eine „hemmungslose Sexualität bis zur Prostitution“[82] zählte.

Begriffsbestimmung „Tramper“

Tramper sind im operativen Sinne Jugendliche bzw. Jungerwachsene, die einzeln auftreten oder sich zu Gruppierungen zusammenschließen, die in ihrem Gesamtverhalten in- oder außerhalb ihres Wohnortes durch ihre negative Haltung und ihr ablehnendes Verhalten zur sozialistischen Gesellschaftsordnung eine Gefährdung der öffentlichen Ordnung und Sicherheit in der DDR und im sozialistischen Ausland darstellen. Sie schließen sich auf der Grundlage gemeinsamer Interessen, die auf der bürgerlichen Ideologie, der Beat-, Pop- und Sexwelle basieren, zusammen und führen Zusammenkünfte anlässlich politischer und gesellschaftlicher Höhepunkte, Beatveranstaltungen oder auf privater Basis in den verschiedensten Orten der DDR und des sozialistischen Auslandes durch. Um einer Kontrolle durch die Sicherheitsorgane zu entgehen bzw. diese möglichst abzuwenden, werden durch die Tramper konspirative Verhaltensweisen praktiziert. Das Benachrichtigungswesen untereinander wird ebenfalls in die Konspiration einbezogen. Überwiegend wird die Methode des Mitfahrens (per Anhalter) genutzt, um zu den vereinbarten Trefforten zu gelangen.

MfS, BV Potsdam, Abteilung XX/2: Informationsbedarf zur Personifizierung und Erfassung dekadenter und politisch-negativer Jugendlicher und Jungerwachsener mit überörtlichen Verbindungen (Tramper/Reisefans), 21.07.1976, BStU, MfS BV Potsdam, BDL 401163, Bl. 13.

So manche Unterstellung war an Absurdität kaum zu übertreffen. Eine kriminalpolizeiliche Analyse taxierte den Symbolwert von Jeans und las im Kaffeesatz: „Je mehr Flecken auf der Hose sind, desto mehr wird getrampt.“[83]

Abwägende, sozial- oder gar selbstkritische Stimmen waren selten. Die voluminösen Ergebnisse eines stasiinternen Forschungsprojekts von 1981 wollten „vor einer Etikettierung Jugendlicher in der Art bewahren, dass diese ein für allemal als ‘Tramper’, ‘Gammler’ usw. abgestempelt werden“. Ein solch „formales Herangehen“ würde die Chance der Einflussnahme verspielen und damit „zwangsläufig die Wirksamkeit der politisch-operativen Arbeit“ einschränken. Vielmehr sei zu differenzieren und auch die Positivvariante zu kalkulieren: „Es gibt Ju-

Archiv Andreas Ibscher

Gosse, Hasso, Knitter und Hirsch im Clinch mit der Polizei, vor einem Konzert der Johannes Biebl Bluesband in Rudolstadt, 1974

gendliche, die aus Freude am Wandern und aus Interesse am Kennenlernen anderer Länder und einer gesunden Abenteuerlust trampen. Sie versuchen, ohne größere Geldausgaben durch Mitfahren in fremden PKW und anderen Verkehrsmitteln, in sehr einfacher, strapazierfähiger Kleidung, mit wenig Gepäck usw. möglichst weit zu reisen. Sie gehen einer geregelten Tätigkeit nach und treten durchaus nicht negativ in Erscheinung."[84] Wurde der Kunde selbst nach seiner Motivation befragt, setzte er Spaß auf Rang eins. IM „Rosi", in Blueserkreisen als „Janis" bekannt, meinte, die meisten hätten „lediglich die Absicht, Musik zu hören und etwas zu erleben. Diese Jugendlichen reisen nicht mit dem Ziel an, zu provozieren und sich mit der DVP anzulegen." Erst der massive Polizeieinsatz riefe „eine Kontrastellung" hervor. Dann bedürfe „es nur noch eines taktisch unklugen Vorgehens der VP", Verhaftungen oder der Einsatz von Rollkommandos, „um offene Auseinandersetzungen hervorzurufen".[85]

Die Problemsicht stieß an ihre Grenzen, wenn nach tieferen Ursachen der Szenezugehörigkeit gesucht wurde. Selbst moderate Erklärungsmuster wichen keinen Millimeter von der Manipulationsthese ab. Sie degradierte den Kunden zur Marionette westlicher Psychokrieger: „Es ist ein fester Bestandteil der Strategie des Imperialismus, Jugendliche aus sozialistischen Staaten als personelle Stützpunkte für die Realisierung des imperialistischen Langzeitprogramms zur Beseitigung des real existierenden Sozialismus zu gewinnen."[86] Der Fischzug würde von den „gegnerischen" Medien organisiert, vom RIAS, Deutschlandfunk, BBC London oder Radio Luxemburg. „In ihrer politisch-ideologischen Einflussnahme auf die Jugend konzentrieren sich diese Feindsender auf das Ansprechen der Gefühle, das Anknüpfen an Illusionen, die Ausnutzung der Abenteuerlust und andere jugendtypische Besonderheiten. Mit der Übermittlung von 'Erstinformationen', der Vortäuschung von Objektivität durch Anwendung von Halbwahrheiten, Gerüchten

Thomas Morgenroth

25 Jahre Postel & Pötsch, Schloss Kromsdorf bei Weimar, 2006, von links: Helmut Pötsch, Widolf Kreyer, Jürgen Postel, Hans Penzoldt

bis Betrug sollen die Jugendlichen irregeführt werden und ihr Vertrauen zum sozialistischen Staat verlieren."[87] Nach dieser Logik war auch der Blues ein Köder. Seine Gefolgschaft verstünde ihn „teilweise als Protestlied gegen bestehende sozialistische Gesellschaftsverhältnisse".[88]

Im Laufe der Jahre verfeinerte das MfS seinen Katalog von Maßnahmen gegen die langhaarigen Renegaten. Es fuhr eine Doppelstrategie: Cliquen mit „unmittelbaren Voraussetzungen für [die] gemeinschaftliche Begehung staatsfeindlicher und krimineller Handlungen" wurden zerschlagen, andere, in denen „negative Persönlichkeitsmerkmale weniger stark konzentriert sind",[89] hielt man unter Kontrolle und versuchte, sie sukzessive zu entschärfen. Ihnen wurde die Funktion einer „Sollbruchstelle"[90] zugebilligt, eines Überdruckventils, das die Balance des Gesellschaftssystems schützt.

An vorderster Front agierten die Inoffiziellen Mitarbeiter der Stasi. Sie stellten ihr Insiderwissen zur Verfügung und wurden als Handlanger eingespannt. Der Pakt mit dem Geheimdienst konnte vielerlei Gründe haben: konstruierte oder reale Schuldsituationen, Geltungsbewusstsein, Überzeugung und monetäre Motive. Kandidaten suchte man unter den Leitfiguren der Szene, aber auch „Haftentlassene", Ausreisewillige, „konfessionell gebundene Jugendliche" und solche mit Westkontakten wurden favorisiert.[91] Die von ihnen zu beschaffenen Informationen deckten ein breites Spektrum ab. Bezüglich auffälliger Langhaariger sollten etwa folgende Fragen beantwortet werden: „Wo bestehen Gruppierungen dieser Personen? Wer sind die Initiatoren und Rädelsführer? Welche Aktivitäten gehen von diesen operativ-interessanten Personenkreisen aus? Welche Unternehmungen sind geplant? Wo sind die bevorzugten Konzentrationspunkte bzw. Trefforte? Wo finden Zusammenkünfte auf privater Basis statt? Wer sind die Quartiergeber? Wie ist der Charakter dieser Zusammenkünfte? Welche Beatformationen werden bevorzugt? Wie setzt sich ihr Anhang zusammen? Durch welche Verhaltensweisen und Normen werden diese Personenkreise gekennzeichnet? Wie ist das Verbindungssystem

Archiv Dieter Gasde

Travelling Blues beim Bluesfest in Bad Berka, 1983

gestaltet und wie erfolgt die Übermittlung von Nachrichten zu geplanten Zusammenkünften? Welche konspirativen Verhaltensweisen kommen in welcher Form zur Anwendung?"[92]

Die Kollaborateure wurden an den neuralgischen Punkten postiert: im Dorfsaal genauso wie in der Kirche, auf Partys, Volksfesten oder Kneipentreffen. Einen 24-jährigen IM aus Hermsdorf, der den Decknamen „Eric Burdon" gewählt hatte, schleuste man gezielt in dissidente Kreise ein. Er sollte evangelische Gotteshäuser ausspionieren und belastendes Material recherchieren, darunter die „eindeutig staatsfeindlichen"[93] Schriften des Leipziger Dichters Gerulf Pannach.

IM „Rosi" räsonierte über Bands sowie neue musikalische Trends und lieferte Berichte, „die das MfS in die Lage versetzten, operative Schwerpunkte zu erkennen". Als sie die dreißig passierte und „nicht mehr überörtlich zum Einsatz gebracht werden"[94] konnte, observierte „Rosi" die Szenekneipe Güldener Bock in Karl-Marx-Stadt.

Nichtigkeiten und brisanter Stoff mischten sich in den Auskünften von IM „Rotkäppchen". Er unterrichtete seinen Führungsoffizier über Trinkgewohnheiten und Partnerschaften verdächtiger Kunden, über Berliner Bluesmessen und die Friedensinitiative „Schwerter zu Pflugscharen" oder die „Musiktage mit jungen Christen" 1982 in Berga. „Rotkäppchen" hielt die Augen und Ohren auf „Rockpalast-Feten" offen, meldete sich anbahnende DDR-weite Aktionen und groß aufgezogene Partys. Im November 1984 wurde er Zeuge einer dreitägigen „Blues-Session" auf einem privaten Grundstück in Olbersleben, getarnt als Geburtstagsfeier. „Mehrere Fässer Bier" und „Tonbandmusik" brachten die etwa 100 Gäste in Fahrt. Es kam zu „tätlichen Auseinandersetzungen mit den Bewohnern des Dorfes",[95] die Gruppe Vagabund, die man als Live-Act engagiert hatte, weigerte sich zu spielen.

Der Blick hinter die Kulissen, gepaart mit polizeilichen und geheimdienstlichen Ermittlungen, mündete in umfangreiche Datenbanken. Regional wurden Karteien angelegt, die neben Fotos der erfassten Personen folgende Basisangaben enthielten: „Name, Vorname, geb. am, Wohnanschrift, Arbeitsstelle, Tätigkeit", „Anfall als Tramper wann, wo und in welcher Weise", „wesentliche Fakten zur Person (Anfall, Vorstrafen, zeitliche Abwesenheit durch Wehrdienst oder Strafverbüßung)", „ideologische Position/Einstellung", „konkrete Verhaltensweisen/Auftreten", „Angaben über Verbindungen zu anderen negativ-dekadenten Gruppierungen (auch in andere Verantwortungsbereiche)".[96]

Als ein Brennpunkt der thüringischen Kundenszene galt der Geraer Raum. Anfang 1979 brachte die Stasi eine Bestandsaufnahme zu Papier. Dort hieß es: „Es gibt im Bezirk etwa 110 Personen, die in die Kategorie als aktive Tramper einzuordnen sind. Zur sozialen Struktur derartiger Jugendlicher und Gruppierungen ist festzustellen, dass sie sich vorwiegend aus Schülern, Lehrlingen und jungen Arbeitern, oftmals ohne Facharbeiterabschluss, zusammensetzen. Bei der Altersstruktur ist auffallend, dass die Altersgruppe 20 bis 22 Jahre relativ hoch

Archiv Andreas Ibscher

Gosse und Knitter in Rudolstadt, 1976

liegt. Abiturienten oder Studenten sind kaum in derartigen Personenkreisen anzutreffen.“ Etliche tauchten in Beschäftigungsverhältnisse ab, „die ihnen die erwünschte ‘persönliche Freiheit’ und genügend Spielraum für ihr dekadentes bis feindliches Wirken garantiert“. Während sie im Winter einer geregelten Tätigkeit nachgingen, führe die neue „Trampersaison“ ab März/April „zu Fehlschichten und Arbeitsbummelei“, die mit „Disziplinarmaßnahmen“ oder „fristloser Entlassung“ geahndet würden. Geschickt wüssten die Delinquenten den Umstand auszunutzen, „dass von der Beendigung eines Arbeitsverhältnisses bis zur Meldung an die zuständige Abteilung Inneres in der Regel 4 – 6 Wochen vergehen und es nochmals 2 – 3 Wochen dauert, ehe eine Reaktion seitens der Abteilung Inneres (Beauflagung zur Arbeitsaufnahme) erfolgt. Die Dauer ihrer Beschäftigungslosigkeit und der Herauslösung aus dem gesellschaftlichen Einfluss beträgt so bis zu 2 Monaten und mehr.“

Eine Anlage listete „die am aktivsten bzw. negativsten in Erscheinung getretenen Elemente“ auf, elf Frauen und 99 Männer.[97] Ihr Tätigkeitsspektrum war proletarisch geprägt und umfasste unter anderem die folgenden Berufe: Werkzeugmacher, Transportarbeiter, Tierpflegerin, Bauhilfsarbeiter, Bühnentechniker, Elektriker, Schriftsetzer, Friseuse, Dreher, Schleifer, Zootechniker, Maurer, Heizungsmonteur, Zimmermann, Drucker, Straßenbauer, Feinoptiker, Wirtschaftskaufmann, Betonbauer, Schmied, Verkäuferin, Steinbrucharbeiter, Installateur. Schüler, Studenten und Lehrlinge bildeten die Ausnahme. Die Kurzporträts verzeichneten Stichworte wie „verherrlicht Lebensweise in der BRD“, „Nichtwähler“, „Vorstrafe wegen Rowdytum“, „Verdacht des ungesetzlichen Verlassens der DDR“, „fiel mehrfach wegen Störung der öffentlichen Ordnung und Sicherheit an“, „trampt im gesamten Gebiet der DDR“ , „Organisator von Treffen und Feten“, „Quartiergeber, beherbergte bis zu 20 Personen in seiner Wohnung“, „Biermannanhänger, sammelte Unterschriften“, „führt ‘Freiheitsdiskussionen’“, „dekadentes Aussehen und Auftreten“, „asoziales Verhalten, Arbeitsbummelei“, „beschimpfte vorgesetzte Arbeitskollegen bei Aussprache als ‘Kommunistenschweine’“, „Vertreter der ‘Jesus-People-Bewegung’“, „Wehrdienstverweigerer“, „umfangreiche überörtliche Verbindungen“, „HWG-Person, wechselnde Männerbekanntschaften“, „starker Alkoholiker“, „feindlich-negative Einstellung zur DDR“, „trägt westliche Symbole“, „trampt auf der Autobahn mit BRD-Kfz“, „gehört dem ‘Säuferclub’ in Neustadt/O. an“, „geistig sehr rege und intelligent“, „verweigert Eintritt in FDJ und DSF“, „neigt zu Schlägereien“, „unterliegt stark dem Einfluss westlicher Massenmedien“, „als kriminell gefährdete Person registriert“.[98] Das Dokument wurde dem SED-Chef von Gera übergeben und mit der Empfehlung, „konsequent und straff die Möglichkeiten des sozialistischen Rechts gegen alle Erscheinungen des asozialen Verhaltens anzuwenden“,[99] auf Kreisebene durchgestellt.

Die Stasi verfügte über ein ausgefeiltes Repertoire von „Zersetzungsmaßnahmen“, mit denen sie Tramperclique paralysierte. Zu den Hauptstrategien gehörte die „Verunsicherung der Gruppe“ mittels gezielter „Desinformation“, etwa „über angebliche Aussagen einzelner Gruppenmitglieder vor dem Untersuchungsorgan, die andere Gruppenmitglieder belasten“; „Isolierung des Führungskerns der Gruppe durch Einberufung in die NVA oder Umbesetzung in einen anderen Arbeitsbereich außerhalb des Wirkungsbereiches“; die „Gewinnung von IM aus dem Kreis ausgewählter Gruppenmitglieder und ihre Beauftragung, die übrigen Gruppenmitglieder vom aktiven negativen Handeln abzuhalten und zur Auflösung der Gruppe beizutragen“; „Nutzung der Interessengebiete einzelner Jugendlicher durch die gesellschaftlichen Institutionen“.[100] „Auf keinen Fall“, so lautete das A und O, „darf das MfS als Urheber der Zersetzungsmaßnahmen erkennbar sein.“[101] Sonst würden die Abweichler zu weiterer Verschwörung und Opposition animiert werden.

Archiv Andreas Ibscher

Cheyenne, 1973

Dass die Mühlen der Stasi unerbittlich mahlten, bewies der Operative Vorgang (OV) „Tramper". Er wurde im Mai 1978 durch die Bezirksverwaltung Gera eingeleitet und richtete sich gegen einen Clan von etwa 50 Personen. Den inneren Zirkel bildete ein gutes Dutzend Radikalkunden, die auf Spitznamen wie Gosse, Cheyenne, Muli, Nigger, Hippie, Gulasch oder Zwerg hörten.

Sie fielen nicht nur durch Outfit und Lebensstil, sondern auch politischen Freimut auf. Die um die 20 Jahre alten Geraer solidarisierten sich mit Wolf Biermann und nahmen in der Öffentlichkeit kein Blatt vor den Mund. Am 17. Mai 1977 erschienen sie zu einem Urania-Vortrag über „Abrüstung und Menschenrechte", wo sie den Referenten mit Fragen zu Schießbefehl, Religions- und Reisefreiheit an die Wand spielten. Das Räderwerk geriet in Bewegung. Der Geheimdienst holte Erkundigungen ein, fügte Stein auf Stein und eröffnete schließlich den OV. Sein Plan sah vor, die Gang „umsichtig, vielschichtig, differenziert und schnell unter Einbeziehung aller geeigneten Erziehungsträger zurückzudrängen, zu differenzieren, zu verunsichern, in ihrer 'Freizügigkeit' einzuengen und letztendlich aufzulösen".[102] 1982 resümierte man die „Zerschlagung der Gruppierung",[103] das Dossier wurde geschlossen. Die Stasi und ihre vier geschickt platzierten IM hatten ganze Arbeit geleistet: Fünf Mitglieder gingen ins Gefängnis, einer in den Westen, ein anderer wurde zum Wehrdienst einberufen und damit schachmatt gesetzt.

Die Uhr der Langhaarigen lief nicht nur in Gera unweigerlich ab. Nach und nach zeigten sich flächendeckende Krisensymptome. Ab Mitte der Achtziger litt die Szene zunehmend unter Nachwuchsproblemen, weil neue Jugendkulturen attraktiver wurden. Ältere Kunden suchten entweder den familiären Ruhestand oder wanderten ins Heavy-Metal-Lager ab. Das Schreckgespenst des Bluesers geisterte immer seltener durch die sicherheitspolitischen Interna. Die Analysen der späten Achtziger erwähnten es kaum noch – und wenn, dann als aussterbende Spezies, als „'klassische' Erscheinung der negativ-dekadenten Jugend der 70er Jahre".[104] Das MfS hatte sich mittlerweile in den Nihilismus und die Provokationen der Punks, Skinheads, Gothics oder Metal-Freaks verbissen.

Die friedliche Symbiose von Bluessandalen, Irokesenkämmen, Glatzen und Nietenträgern, wie sie auf Konzerten von Pasch oder Freygang zelebriert wurde, blieb die Ausnahme; sie war eine pragmatische Reaktion auf den ereignisarmen Alltag der Provinz. Zum Sammelbecken besonderer Art avancierten die Open Airs in Steinbrücken bei Nordhausen.

Archiv Uwe Hager

Fans aus Delitzsch, 1988 in Steinbrücken

Hans-Helmut Kurz/Robert-Havemann-Gesellschaft

Ab 1985 von Uwe Hager jährlich zu Pfingsten veranstaltet, zog das halblegale, anarchisch organisierte, deftige Happening bis zu 6000 Musikfans und Partypeople in die Idylle einer Waldschlucht. Auf der selbst gezimmerten Bühne probten Blues-, Punk- und Indie-Rock-Acts den Schulterschluss: Monokel, Engerling, Freygang, Tino Standhaft, Kirsche & Co., Tausend Tonnen Obst, Die Firma, Herbst in Peking, Subway to Sally, The Inchtabokatables, Die Skeptiker, Feeling B, nach der Wende Rammstein.

Der abenteuerliche Ruf des Festivals im Wolfental von Steinbrücken drang bis über die Grenze. Undercover reisten hin und wieder auch Westmusiker an. Aus Großbritannien kam Kevin Coyne, aus der Bundesrepublik V-Mann Joe, Rausch, Normahl und Abwärts. Sie alle luden zum Tanz auf dem Vulkan, kabelten ihre Gitarren in hungrige Seelen, verschmolzen mit dem Publikum. Wilfried Woigk erinnerte sich: „Steinbrücken war das Woodstock der DDR. Absoluter Kult! Man hat hundert Mark bezahlt und dafür drei Tage lang Bands erlebt, rund um die Uhr. Zeltplatz, Essen und Trinken waren inbegriffen. Du nahmst dir einfach von einem großen Haufen ein Stück Fleisch, stecktest es auf einen Draht und hast es über einer Feuerstelle gebraten. Steinbrücken ist zur Legende geworden. Pasch haben dort als erste Band gespielt und das Ganze mit ins Leben gerufen." Nach dem 1989er Open Air, bei dem verstärkt Punks und Skinheads gesichtet wurden, wollte die Stasi den Hahn zudrehen. Steinbrücken hätte sich zum „Sammelstützpunkt für negativ-dekadente Jugendliche entwickelt", weshalb sie „eine Zersetzung und Verhinderung der Veranstaltungen"[105] beschloss. Wenige Wochen später waren die geheimdienstlichen Pläne Makulatur. Uwe Hagers extravaganter Event hat die Zeitenwende überlebt.

Foto-Halir Zella-Mehlis

Etta Cameron und das Hannes-Zerbe-Quintett, Zella St. Blasii, 1972

Oh, Doctor Jesus: Der Blueser in der Kirche

> Der Blues hat eine eschatologische Dimension.
> Er spricht von den letzten, den äußersten Dingen,
> besitzt endzeitliche Weite.
> Das ist die Schnittstelle
> zum christlichen Glauben.
>
> *Uwe Koch*

Wenn auch das Blau-Grün Uniformiertheit suggerierte, waren die Ambitionen der Szene doch weit gefächert. Anders als die Hedonisten und Lethargiker wollte die politisierte und intellektuelle Fraktion die Welt verändern. In ihrer Bibliothek standen Hermann Hesse, Jack Kerouac, Jerome David Salinger und Ulrich Plenzdorf neben den bei Nacht und Nebel kopierten Sprengsätzen von Wolf Biermann, Rudolf Bahro oder Alexander Solschenizyn. Systemkritische Kunden fanden nahezu zwangsläufig den Weg in die Evangelische Kirche. Dort teilte man nicht nur ihre Sicht auf gesellschaftliche Probleme, sondern bot auch die Chance, sie öffentlich und unmaskiert zu artikulieren. Das Gotteshaus war einer der wenigen Schutzräume der DDR, in denen man kollektiv durchatmen konnte.

Zu einem Zentrum der langhaarigen Opposition in Thüringen entwickelte sich die Junge Gemeinde (JG) Jena-Stadtmitte. Seit 1970 in der Johannisstraße 14 untergebracht und zu Beginn vom Theologiestudenten Uwe Koch und dann von Diakon Thomas Auerbach betreut, war sie ein herausragender Ort der Kommunikation. Ihre Anhänger prüften alternative Lebens-

Hans-Helmut Kurz/Robert-Havemann-Gesellschaft

Jena, JG Stadtmitte, 1977: Auftritt der Bluesband Uller

modelle, verbrachten gemeinsam die Freizeit und löckten mit politischen Initiativen wider den Stachel.

Die Stasi hielt vehement dagegen. Sie ließ die JG bis zum Mauerfall durch circa 65 IM observieren,[106] verhaftete Aktivisten oder schob sie in den Westen ab. Zum ersten großen Schlag holte der Geheimdienst 1976 aus, als JG-Mitglieder Unterschriften für Wolf Biermann sammelten. Biermann hatte Jena mehrmals besucht und stand, vermittelt durch Jürgen Fuchs, dem umstürzlerischen „Arbeitskreis Literatur und Lyrik" (AKL) beratend zur Seite. Der AKL veranstaltete ab 1973 unter Regie von Lutz Rathenow couragierte Lesungen und Diskussionen. Schnell war er mit anderen Keimzellen des Protestes, wie der JG Stadtmitte, vernetzt. Im Juni 1975 fiel er den Frontalattacken des OV „Pegasus" zum Opfer.

Für einen „Sozialismus mit menschlichem Antlitz" stritt auch Matthias Domaschk, 1957 geboren und am 12. April 1981 unter ungeklärten Umständen in Stasihaft gestorben.

Eine offene Tür

Im Sommer 1970 saßen wir im Grünen Kranz in der Jenaer Lutherstraße, lernten ein paar Typen kennen, und einer sagte: „Ey Leute, in der Johannisstraße ist so ein Laden von der Kirche, da sind ein Haufen irrer Typen, vor allem sind irre Bräute dort, und ein Kasten Bier steht immer in der Mitte. Außerdem sind die gar nicht so kirchlich. An der Wand hängt ein Spruch: 'Säkularisation: Die Kirche hat einen guten Magen, trotzdem sollte man ihn von Zeit zu Zeit auspumpen.'" Ich wusste zwar nicht, was Säkularisation bedeutet, das wusste der Typ auch nicht, aber keiner von uns hätte das zugegeben. Irgendwie klang es fetzig, das Bier und die Bräute zogen, also ging ich mit.
Ich kam in einen verhältnismäßig großen Raum, es war schwül, der Raum stand voll Zigarettenqualm, und es saßen etwa 30 Leute, teilweise mit sehr langen Haaren, rum. Ich setzte mich auf irgendeinen Stuhl. Ein Typ mit langen Haaren und riesigem Vollbart kam auf mich zu, gab mir die Hand und sagte: „Ich bin der Uwe, und ich freue mich, dass du hierher gekommen bist. Da steht Bier, kannste dir nehmen und das Geld in die Tasse daneben werfen." Ich war total verunsichert. Das hatte ich noch nicht erlebt. Gott sei Dank waren noch ein paar Kumpels mit, und wir klopften Sprüche.
Irgendwann eröffnete Uwe den Abend und sagte das Thema an. Es lautete „Spießer und lange Haare". Es war die erste Diskussion in meinem Leben, die mich begeisterte, auch wenn ich nicht mitreden konnte. Es war eine Diskussion über meine Situation in dieser Gesellschaft.

Thomas Grund alias Kaktus

Nach seinem tragischen Tod stieg er zur Symbolfigur des jungen Jenaer Widerstands auf. Wie andere Köpfe der JG, etwa Peter Rösch (Blase) oder Thomas Grund (Kaktus), war Domaschk ein Langhaariger, der sich politisch einmischte. Er pflegte die Rituale des Kunden, trampte zu Konzerten und träumte von Freiheit, trug „immer eine kleine Mundharmonika mit sich herum".[107] Gelegentlich kreuzte er bei der befreundeten Bluesband Uller auf und stieg für eine Jam-Session hinters Schlagzeug. Am 13. April 1981 wollte er sich mit seinen Leuten bei einem Gig der Leipziger Kapelle Mama Basuto treffen...

Hans-Helmut Kurz/Robert-Havemann-Gesellschaft

Matthias Domaschk (rechts) und Freunde in Jena, 1976

Offene Arbeit

Der angebliche Suizid von Matthias Domaschk, den viele als Mord durch Stasihand interpretieren, war ein „Wendepunkt“[108] des politischen Aufbegehrens in Jena und eine Zäsur der Offenen Arbeit (OA). Ende der Sechzigerjahre hatten visionäre Würdenträger und Laien der Evangelischen Kirche in Sachsen und Thüringen diese besondere Form der Jugendseelsorge etabliert. Sie zielte auf eine konfessionslose Klientel, die der Staat an den Rand der Gesellschaft drängte, als „asozial“ abschrieb oder kriminalisierte. Jeder war willkommen und wurde, diametral zur sozialistischen Erziehungsdiktatur, in seiner Individualität akzeptiert. Zu den Vorreitern der OA gehörten die Jungen Gemeinden in Rudolstadt, Saalfeld, Zella-Mehlis und Jena; später erfasste sie die meisten größeren Städte Thüringens.

Nach Selbstdarstellung der Kirche war die Öffnung keine Kopfgeburt frommer Theoretiker, sondern ein unbedingter Reflex auf den Umstand, dass immer mehr Heranwachsende „aus dem Zug der Normalgesellschaft aussteigen. Sie zeigen deutlich ihr Unbehagen an der vorfindlichen Gesellschaft und verweigern sich ihr.“ Die Drop-outs „sind und wollen *anders* sein. Sie sind auffällig in Kleidung und Sprache und Gehabe, aufsässig, unbelehrbar, aggressiv, suchen alternative Lebensformen [...] oder sind überangepasst“. Die Verfechter der OA wehrten sich gegen das realitätsblinde Pauschalurteil, „in diesen Jugendlichen eine kleine Gruppe von Außenseitern zu sehen“. Vielmehr wären sie ein ernst zu nehmendes Syndrom und als „Problem der Gesamtgesellschaft zu begreifen. Es sind bestimmte gesellschaftliche Bedingungen, die die Verhaltensweisen der Jugendlichen hervorrufen, in denen sich Ängste und Hoffnungen, Resignation und Erwartung ausdrücken.“ Das Angebot der OA begriffen sie als „Gegenpol zu den Negativerfahrungen mit der Gesellschaft“. Dementsprechend definierte die kirchliche Seite ihre Arbeit als ein hierarchiefreies, „gemeinsames Suchen“. Es sollte helfen, „‘offene Wunden’ der Gesellschaft“ zu schließen.[109]

Das Konzept der ausgebreiteten Arme wurde von der Stasi als Rattenfängerei denunziert. Sie deutete die OA als „reine Existenzfrage“,[110] weil man auf diese Weise versuche, den permanenten Schwund organisierter Christen zu stoppen. MfS-Recherchen zufolge sank die Mitgliederzahl der Evangelisch-Lutherischen Kirche in Thüringen zwischen 1960 und 1981 kontinuierlich um 44,6 Prozent und damit fast sechsmal so schnell wie die der Einwohner.[111] Die Drahtzieher der OA steuerten mit „Veränderungen der Inhalte und Formen der kirchlichen Jugendarbeit“ dagegen, sie beharrten auf ihr „'Mitspracherecht' in der Gesellschaft“, was de facto einer ständigen „Einmischung in staatliche Belange“ gleichkäme. Nach Lesart der Tschekisten strebten „reaktionäre klerikale Kräfte“ im Verbund mit westlichen Amtsbrüdern „die Schaffung und Verbreiterung einer oppositionellen Basis“ an: „Diese Jugendarbeit dient somit der 'Sammlung' und Zusammenführung

Sammlung Ralf Vogel, ThürAZ-F-VR-005.13

„June 78“

möglichst breiter Kreise unzufriedener, oppositioneller, feindlicher, negativ-dekadenter, labiler und schwankender junger Menschen." Sie breche das Gesetz und funktioniere letztlich als Pforte „des politischen Untergrundes".[112]

Die Initiatoren der OA fanden sich zwischen den Fronten wieder, denn auch in der Kirche war ihre Idee hochgradig umstritten. Vertreter der orthodoxen Lehre monierten die Einseitigkeit des diakonischen Gedankens und fragten nach theologischer Legitimation. Ein Sakrileg witterte genauso das „normale" Gemeindemitglied. Ihm schlugen die Eindringlinge mit ihrem blasphemischen Aussehen und Verhalten schwer auf den Magen, sie störten seine Andacht und Einkehr. „Kirche muss Kirche bleiben", lautete die Beschwörungsformel. Sie war besonders häufig zu hören, wenn über „moderne" Musik im Gotteshaus debattiert wurde.

Schon in den Sechzigerjahren experimentierten unkonventionelle Geistliche mit Gospel, Jazz, Rock oder Blues. Sie setzten die irdischen Klänge dezent im sonntäglichen Hochamt ein und wirbelten viel Staub auf. Hans Seigewasser, Staatssekretär für Kirchenfragen, leitete am 2. März 1971 „ein aussagekräftiges Informationsmaterial über das Wirken von religiös gebundenen Beatkapellen" an Kulturminister Klaus Gysi weiter. Die Combos kämen nicht nur während der heiligen Messe zum Einsatz, sondern bestritten auch Tanzveranstaltungen auf geweihtem Gelände. „Sie verbreiten westliches Lied- und Gedankengut, das im Widerspruch zum Inhalt des geistig-kulturellen Lebens in unserer sozialistischen Gesellschaftsordnung steht. Die Freizeitgestaltung dieser Jugendlichen wird unter Missbrauch der verfassungsrechtlich geschützten Religionsausübung mit der Verbreitung reaktionärer Unkultur ausgefüllt."[113] Das Dokument verzeichnete landesweit 110 Bands, von denen 67 im protestantischen Sektor angesiedelt waren. Ihre Förderung stelle „eine der Hauptmethoden der Evangelischen und Katholischen Kirchen sowie anderer Religionsgemeinschaften zur Gewinnung und Beeinflussung von Jugendlichen" dar. „Die reaktionären kirchlichen Amtsträger versuchen, die Jugendlichen von einer bewussten, aktiven gesellschaftlichen Tätigkeit beim Aufbau des entwickelten gesellschaftlichen Systems des Sozialismus abzuhalten." Dass die Musiker „fast nur auf westliche Repertoires ausgerichtet" waren, deutete man als weiteres Indiz der „vom Klassengegner verbreiteten ideologischen Diversion".[114] Später wurde dem Konvolut ein Artikel der Mecklenburgischen Kirchenzeitung hinzugefügt, der diese Sicht bestätigte. Er lobte den Einsatz von Rockbands und zog das Fazit: „Der Gottesdienst gewinnt in Form und Inhalt an Zeitnähe. Weltliches und Geistliches sind allmählich keine Gegensätze mehr."[115]

Das Gros der Kapellen trat ohne staatliche Spielerlaubnis auf, was die Instanzen als Druckmittel ausnutzten. Sie lockten entweder mit offizieller Anerkennung und lukrativen Auftrittsmöglichkeiten oder fuhren die Einschüchterungstaktik. Die Abteilung Kultur beim Rat des Kreises Rudolstadt lud am 10. Dezember 1971 drei junge Männer, die vor dem Altar ihre Verstärker aufgedreht hatten, zu einer Aussprache. Ihnen wurde ein „vorsätzlicher" Verstoß gegen die „Anmeldepflicht" zur Last gelegt. Nach Ermessen der Funktionäre hätten sie „Unterhaltungsmusik" dargeboten. Dass ein Schlagzeug zum Einsatz käme, würde diese Definition bestätigen. In einem Gedächtnisprotokoll notierten die Beschuldigten ihr Kontra: „Wir spielen *nur* in und für die Kirche; also Gottesdienste, wir spielen 90 Prozent Improvisationen und 10 Prozent neue Kirchenlieder." Die Gegenseite wich von ihrer Position keinen Fußbreit ab. Sie drohte ein Strafverfahren an und urteilte: „Ihr macht Musik, die nicht in kirchliche Räume gehört!"[116]

Bindemittel Musik

Tatsächlich bewegte man sich in einer juristischen Grauzone, denn „innerkirchliche Veranstaltungen" und die Ausübung von Religion unterlagen nicht den üblichen Genehmigungsprozeduren. Solange einer Band der sakrale Raum als Podium genügte, blieb der Zugriff beschränkt. Drängte sie in die Tanzsäle, konnte der Staat durch Entzug bzw. Nichterteilung der Lizenz maßregelnd einschreiten. Ein Beispiel lieferte der Streit um die Gruppe Airtramp aus Jena, die dem Nährboden der OA entwachsen war. Airtramp traten 1983 das Erbe von Peaceful Dead an, der ersten eigenen Band der JG Stadtmitte.[117] Beide trugen den Stempel der Szene: langhaarig, unangepasst, politisch riskant. Um sie dem religiösen Milieu zu entfremden, erteilten die Kulturbehörden Airtramp im November 1985 die offizielle Zulassung als Amateurformation. Doch die Rechnung ging nicht auf. Die Musiker trotzten dem Würgegriff der Zensur, sangen weiterhin gewagte Texte – und verloren nach nur dreieinhalb Monaten die Spielerlaubnis. Sie blieben ein Fixpunkt der JG, bis zur Ausreise ihrer wichtigsten Mitglieder im Februar 1987.

Ein Jahr zuvor hatten sich Airtramp auf Kassette verewigt. Für die technische Realisierung war Thomas Grund zuständig. Er saß an den Reglern eines Mischpultes, das Airtramp vom Leiter des Jugendklubs in Jena-Burgau als Starthilfe bekommen hatten. Nach dem Ende der Band versickerte das Gerät im Privatbesitz von Grund. Hin und wieder nutzte er die Räumlichkeiten der JG Stadtmitte als illegales Kleinstudio und veröffentlichte unter dem Namen Hinterhofproduction die vogelfreien Neutöner des Undergrounds.

Sein Know-how nahmen auch Gefahrenzone aus Saalfeld in Anspruch. Ihr Tape landete beim staatlichen Jugendradio DT 64 und wurde in der Sendung „Parocktikum“ gespielt. Die Situation war schizophren: Gefahrenzone kamen aus der OA, besaßen keine Lizenz und übten den aufrechten Gang. Sie bekannten sich zu Freiheit und Pazifismus, alle vier Mitglieder lehnten „den Wehrdienst mit der Waffe“[118] ab. „Jeder will nur mein Bestes, doch das geb' ich euch nicht“, hieß es in einem ihrer Songs. Solcherart Klartext war für die Medien normalerweise tabu. Aber 1987, als Gefahrenzone eines späten Abends über den Äther strahlten, nistete die Revolte bereits im Apparat. Die DDR war ein gespaltenes Land; manchmal ging der Riss mitten durch die Institutionen. Ermutigt von den Glasnost-Signalen aus Ostberlin, beantragte die Kapelle eine Spielerlaubnis. Sie wollte auch außerhalb der Nischen auftreten. Der Versuch entpuppte sich als verhängnisvoll, denn die Stasi wertete diesen Schritt als eine Ausdehnung der „politischen Untergrundtätigkeit“ und reagierte mit „Zersetzungsmaßnahmen“. Doch nicht der Geheimdienst, sondern die Agonie des Landes besiegelten nach fünfjährigem Bestehen schließlich das Aus. Mit der DDR verflüchtigte sich „auch der Sinn unserer Band“,[119] wie einer der Musiker rückblickend feststellte.

Peaceful Dead, Airtramp und Gefahrenzone sind drei markante Belege dafür, dass Musik als Bindemittel der OA funk-

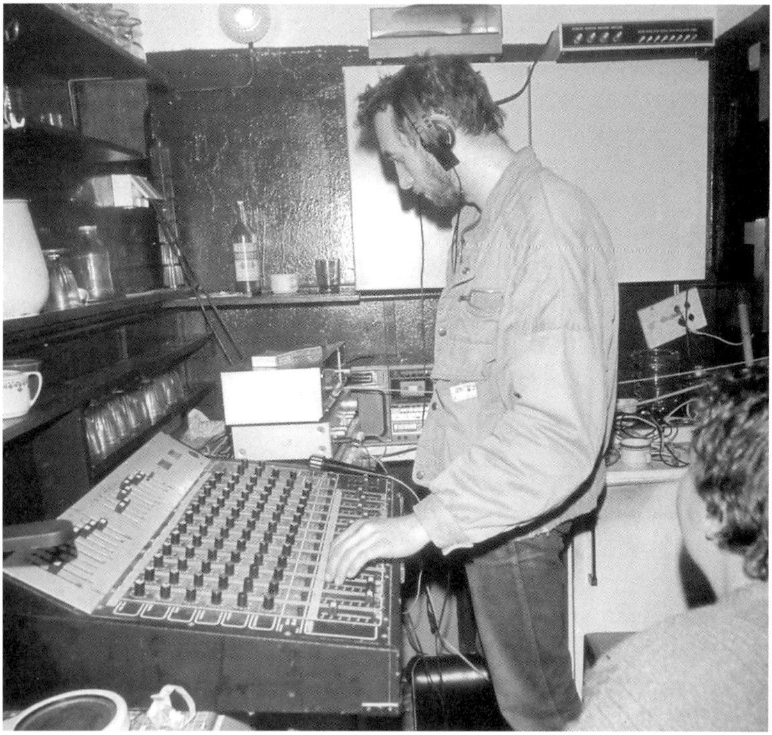

Gabi Trier

Hinterhofproduction: Thomas Grund alias Kaktus in der JG Jena-Stadtmitte, 1987

Archiv Wolfram Schröter

Knuff, 1982, von links: Wolfram Schröter, Edgar Bergmann, Stefan Meier, Meinhart Prkno, Sonny W. Iwanow

tionierte. Blues und „handgemachte“ Stile blieben über die Jahre hinweg ein besonderer Kitt. Schon 1969 gründete sich in der Erfurter Reglergemeinde die Gruppe Formation, die eigene Rock- und Bluestitel mit zeitkritischen Texten spielte. Etwa zur gleichen Zeit starteten Out Now in Altenburg. Ulysses entstiegen dem Humus der JG Rudolstadt, beflügelt von Eric Clapton, Cream und Jimi Hendrix. Auch Spectrum aus Ilmenau besaßen einen starken Draht zur evangelischen Jugendarbeit. Ihre Mitglieder, so wusste die Stasi, waren „auf der Suche nach echtem amerikanischen Blues“. Canned Heat und John Mayall wurden nicht nur zu Vorbildern bezüglich der Musik, „sondern auch in ihren Lebensweisen und dekadentem Äußerem“.[120]

Neben religiösen Kapellen traf man etliche Dorfsaal-Heroen und unangepasste professionelle Künstler hinter den heiligen Mauern. Jazz-Rock-Pionier Klaus Lenz kam 1973 mit Panta Rhei in die Rudolstädter Kirche. Knuff unterstützten 1981 und 82 die Initiative „Brot für die Welt“, Pusteblume griffen beim „Treffpunkt Kirche“ 1982 zum Thema „Natur ohne Zukunft – Zukunft ohne Natur“ in die Saiten, und das Duo Bluesong war 1985 bei der „Friedensdekade“ in Rudolstadt dabei. Der Schlagzeuger Günter Sommer gestaltete 1987 mit italienischen Kollegen, die gerade durch die DDR tourten, eine „Jazzmeditation“ in der Hospitalkirche zu Neustadt an der Orla; ein Jahr später trat der Pianist Ulrich Gumpert unter dem selben Motto auf.

Die einzigartige Kombination von freiem Wort, geschützter Öffentlichkeit und Musik löste vielfach blanke Euphorie aus. Man tauchte in den Strom der Wahrheit und wusste: Ich bin nicht allein. IM „Rotkäppchen“ berichtete über die „Musiktage mit jungen Christen“ am 28. August 1982 in Berga. Aus seinen Zeilen klang Respekt. Schätzungsweise tausend Gleichgesinnte hatten jeden Vers auf die Goldwaage gelegt. „In einem Lied der Gruppe ‘Solaris’ von der Offenbarungsgemeinde wurde inhaltlich dargestellt, dass unter der Jugend eine große Interessenlosigkeit herrsche, dass manche keine Perspektive sehen und Ausweglosigkeit ihr Denken beherrscht, was in einigen Fällen zum Alkoholismus bis zum Selbstmord führe.“ Wo in der DDR konnte man eine solch bittere Erkenntnis coram publico aussprechen? „Der IM kennzeichnete die Stimmung als großartig, die Massen seien bei den Darbietungen, überwiegend Gospelsongs und Spirituals mit deutschen und englischen Texten, unheimlich mitgegangen. Gegen Ende der Veranstaltung steigerte sich das bis zu Gefühlsausbrüchen (Tränen) und Verzückungen (kniend vor dem Altar).“[121]

Rock, Blues und Jazz durchzogen auch die Freizeitangebote der OA. Man organisierte Tanzabende und Schallplattenvorträge, diskutierte über Musik und tauschte die neuesten Mitschnitte. Uwe Koch (1950–2013), damals Theologiestudent, baute sein Spulengerät der Firma Tesla bei den Treffs der JG Stadtmitte auf: „Ich erinnere mich, dass stundenlang Iron Butterfly’s ‘In-A-Gadda-Da-Vida’ lief. Wir hörten Deep Purple, John Mayall, Jimi Hendrix und Eric Clapton. Irgendjemand brachte Brot mit, ein anderer Schmalz. Und auf einmal gab es ein buntes Gewimmel von unterschiedlichen Leuten bei lauter Musik,

Schmalzstullen und Bier." Man feierte und hängte am „Sirenengesang des Gegners" ein Weltbild auf. Bis weit in die Achtzigerjahre blieben die klaren Worte der Westberliner Band Ton Steine Scherben eine wichtige Referenz. Schon im März 1974 widmete ihr die JG Stadtmitte einen „Themenabend", moderiert von Thomas Grund.

Vermittelt über die Musik, stellte sich ein Synergieeffekt ein. Die OA bildete den Nukleus jener alternativen Szenen, die vom Staat und Spießbürger ausgegrenzt wurden, und wirkte zugleich als Korrektiv. Walter Schilling (1930–2013), der gern als „Vater der Offenen Arbeit"[122] apostrophiert wird, betonte: „Die jungen Leute haben schon von dem, was Kirche zu sagen hat, profitiert. Es hat ihnen Tiefgang und Zielvorstellungen gegeben. Die Kirche hat, zum Teil wenigstens, auch profitiert, sie wurde offener und realistischer."[123]

Gottesdienst einmal anders

Ein besonderes Konzept von Integration verfolgten die „Gottesdienste – einmal anders". Sie fanden seit den Sechzigerjahren in verschiedenen evangelischen Gemeinden der DDR statt – etwa in Halle, Leipzig, Magdeburg, Dresden, Freiberg, Görlitz oder Pirna. Im Unterschied zur OA nutzten sie die traditionelle Form der heiligen Messe als Basis, um Kirche „von innen heraus" zu reformieren. Ein frühes Zentrum bildete Karl-Marx-Stadt. Dort waren die alternativen Gottesdienste seit circa 1963 unter Dietrich Mendt etabliert und eng mit dem Engagement Theo Lehmanns verbunden. Sein Vorbild inspirierte Jürgen Hauskeller (*1937), der am 1. Dezember 1967 die Pastorenstelle von Zella St. Blasii in der knapp 18.000 Einwohner zählenden Stadt Zella-Mehlis antrat und als Kreisjugendpfarrer die Superintendentur Meiningen betreute. Hauskeller begann im Mai 1968 mit den speziellen Andachten, die bei ihm unter „Gottesdienst – einmal ganz anders" und ab 30. September 1972 „Gottesdienst in neuer Gestalt" firmierten. Er wollte die

Heilslehre auf moderne und realitätsnahe Weise vermitteln. Jede Messe trug ein Thema: „Wir warten auf eine gerechtere Welt“ (23.11.1968), „Christus ist für alle da“ (25.01.1969), „Offen für andere“ (30.05.1970), „Verantwortung für werdendes menschliches Leben“ (28.11.1970), „Unfertig – diese Jugend von heute“ (27.03.1971) oder „Kirche von morgen – Traum oder Wirklichkeit?“ (26.05.1973). Die Predigten, Fürbitten und Sketche legten den Finger in die Wunde. Jürgen Hauskeller sprach über Militarisierung und Freund-Feind-Denken, die Repressalien des Staates gegen Gläubige, plädierte für

Archiv Roland Helfricht

Jürgen Hauskeller, rechts, während eines Bandtreffens in Altenburg, 1979 mehr Verständnis zwischen den Generationen und deutsch-deutsches Feingefühl. Er stellte die rhetorische Frage, ob in der DDR tatsächlich „realer Frieden" herrsche und betete nach der Niederschlagung des Prager Frühlings für „unsere Brüder und Schwestern in der ČSSR".[124] Dem Samstagnachmittag, der über ein „Leben mit Maske – vor Gott unmöglich" (27.11.1971) sinnierte, stellte er die FDJ-Hymne „Sag mir, wo du stehst" voran.

Sonst mäßig gefüllt, platzten die Bänke zu besten Zeiten fast aus den Nähten. Das MfS registrierte bis Juni 1971 fünfzehn „Gottesdienste – einmal ganz anders", im Schnitt zwei Stunden lang, mit maximal 500 Besuchern.[125] Von ihnen wurde Hauskeller „als Idol angesehen und verehrt".[126] Auch die Stasi bescheinigte außergewöhnliche Qualitäten: „Seine intellektuelle Beweglichkeit, Anpassungsfähigkeit und sprachliche Gewandtheit bewirken besonders unter der Jugend, dass man ihn als 'Führer' anerkennt."[127] Jürgen Hauskeller tarierte die Spannung zwischen Weltlichkeit und Religiosität aus. Er verzichtete auf den Talar, trug einen Cordanzug, dehnte die Regeln der Liturgie, ohne sie zu sprengen. Sein Charisma und der unbestechliche Blick zogen nicht nur junge Christen bis weit über die Kreisgrenze an, sondern auch etliche Kunden. Ein Spitzel gab zu Protokoll, „dass die aus anderen Städten kommenden Jugendlichen (Transport erfolgt mit Bussen, die die Kirche organisiert) fast ausnahmslos 'Langhaarige' sind".[128]

Ein Kerngedanke der Gottesdienstreihe war das Ideal der Gemeinschaft. Jürgen Hauskeller ermunterte die Teilnehmer zur aktiven Gestaltung. Sie dekorierten den Altar, führten Spielszenen auf und bestückten die sogenannte „Meckersäule" mit Wünschen und Kritik. Als Dreh- und Angelpunkt fungierte eine eigene Band, die geistliche Texte in ein Easy-Listening-Gewand aus Spirituals, Schlager oder Blues kleidete. Zum wechselnden Instrumentarium gehörten Schlagzeug, Bass und Gitarren sowie Keyboards, Trompete und Posaune. Oft wurde die Gruppe von einem vielköpfigen Chor unterstützt. Mielkes Schergen, die ihre Ohren inkognito aufsperrten, berichteten über „Lieder mit eingängigen Melodien, aber modernem

Foto-Halir Zella-Mehlis

Etta Cameron, 1972

Rhythmus", nach „Art der amerikanischen Negerweisen",[129] von „Beat-Musik"[130] und priesen „eine sehr melodische Umrahmung, die jeder Schlagerrevue Ehre machen würde und besonders die Jugendlichen offensichtlich faszinierte".[131]

Jürgen Hauskeller wusste, dass die Verjüngung von Form und Inhalt den Attraktivitätsverlust der Institution „Gottesdienst" umkehren konnte. Er setzte sich für eine überregionale Vernetzung der Kapellen ein, organisierte Schulungswochen und Workshops. Ab 1974 fanden unter seiner Regie die „Werkstatt-Tage für neue Lieder in der Kirche (Bandtreffen)" statt. Hier trafen die Amateurmusiker auf Fachleute, tauschten sie Erfahrungen aus und verfeinerten ihr Handwerk. „Singbarkeit" und „Vielfalt" waren zwei Eckpfeiler der Hauskellerschen Strategie. Er regte variierende Besetzungen an, „wechselnde Arrangements" und die „Verwendung verschiedener Rhythmen der U-Musik".[132] Dem Kunden war eine solche Ausrichtung auf Dauer zu beliebig und weichgespült, weshalb er sich andere Reviere erschloss. Matthias Büchner, seinerzeit Mitglied der JG Zella, beschrieb das Projekt von Pfarrer Hauskeller als Startpunkt und Durchlauferhitzer. Der Szene war es bald schon zu eng. „Während dort Schlager gehört wurden, haben wir Blues gehört." Jürgen Hauskellers Gottesdienste schürten den Hunger nach Freiheit: „Wir sind durch die Gegend gefahren und haben uns mächtig lange Haare wachsen lassen."[133] Inoffiziellen Informationen zufolge zog Hauskeller nach zwei Jahren eine ernüchternde Bilanz. Es hätte sich herausgestellt, „dass viele nur als Zuschauer und nicht zur Mitarbeit in die Kirche kamen. Jetzt ist ein ständiger Rückgang der Besucher zu verzeichnen."[134]

Einen starken Impuls spendeten zwei Konzerte mit Etta Cameron, die der nonkonforme Priester für den 15. Juni und 5. Juli 1972 buchte und als „Geistliche Abendmusik" annoncierte. Die amerikanische Sängerin lebte damals in Ostberlin, arbeitete mit den Koryphäen des DDR-Jazz zusammen und trat gelegentlich in Gotteshäusern auf. Nach Zella St. Blasii kam sie mit dem Hannes-Zerbe-Quintett. Cameron bot auf höchstem

Niveau genau das, was Jürgen Hauskeller als musikalisches Muster vorschwebte: Der Abend begann mit einem Auszug aus Johann Sebastian Bachs Brandenburgischen Konzerten, vorgetragen von Orgel und Orchester, und präsentierte dann Etta Cameron als hinreißende Gospel-, Jazz- und Bluesinterpretin. „Zum Schluss, bei 'We Shall Overcome', stand alles auf den Bänken", erinnerte sich Hauskeller. „Die Atmosphäre war unglaublich. Wahnsinn!" Zähneknirschend musste der Staat den Siegeszug der Afroamerikanerin hinnehmen. „Von einem administrativen Vorgehen gegen das Auftreten dieser Sängerin wird prinzipiell abgeraten, da dies von ihr als ein 'Rassenproblem' gewertet wird",[135] hieß es in einer Information der Abteilung Kirchenfragen für den 1. Sekretär der SED-Bezirksleitung Suhl, Hans Albrecht. Störmanöver, wie die Beeinträchtigung des Busverkehrs, ein Werbeboykott oder die punktgenaue Veranstaltung einer Etta-Cameron-Show am 4. Juli in dem nur wenige Kilometer entfernten Suhler Kulturhaus „7. Oktober", brachten nicht den erwünschten Effekt: Jeweils mehr als 600 Zuhörer strömten nach Zella-Mehlis.

Die Konzerte wurden von William Flyckt vermittelt, Camerons Ehepartner und Manager. Flyckt war dänischer Staatsbürger, besaß eine Wohnung in Berlin-Prenzlauer Berg und betreute diverse DDR-Künstler. 1965 diente er sich der Stasi-Bezirksverwaltung Rostock als IM „Major" an. Zwei Jahre später warb ihn die Hauptabteilung XX/4, zuständig für die Überwachung der Kirchen und Religionsgemeinschaften. „Bill" bzw. „Henry", wie er sich nun nannte, stand auf der Gehaltsliste des MfS und wurde „für die Bearbeitung der vor allem von der BRD ausgehenden und gegen die DDR gerichteten politisch-klerikalen Aktivitäten" eingesetzt. Laut geheimdienstlichem Urteil leistete er „auf diesem Gebiet eine ausgezeichnete Arbeit".[136] Auch Jürgen Hauskeller wurde von ihm abgeschöpft.

Schon seit Jahren stand der Dissident im Fadenkreuz. Seinen Gottesdiensten wurde „eine klare feindliche Konzeption"[137] angelastet. Staat und Stasi setzten Hauskellers Anhänger unter Druck oder hinderten sie an der Teilnahme, man drohte mit schulischen und beruflichen Konsequenzen, agitierte Eltern und Erzieher und erwog, durch IM „Ausschreitungen“ in Zella St. Blasii zu „organisieren“. „Damit wäre offensichtlich, dass diese Veranstaltungen zu ‘Exzessen’ von Jugendlichen führen, eine öffentliche Polemik und ein besseres Auftreten gegen diese Veranstaltungen wäre möglich.“[138] Bandmitgliedern schob man Verstöße gegen Lizenzbestimmungen und Meldepflichten unter oder wies ihnen den „Weg in eine Kapelle der FDJ“.[139] Parallel ausgerichtete Diskotheken oder Tanzabende, Sportfeste, Faschingsbälle und Konzerte sollten den Messen das Wasser abgraben.

Im Februar 1971 eröffnete die Stasi gegen Jürgen Hauskeller den OV „Hai“. Schon vorher hatte sie mit Ordnungsstrafverfahren und fingierten Schuldsituationen versucht, den „Störenfried“ einzuschüchtern. Nun gewannen die geheimdienstlichen Maßnahmen eine neue Qualität. Der OV wollte mit unglaublicher Menschenverachtung und Perfidie den Pfarrer isolieren, sein Rückgrat brechen und ihn ins private wie berufliche Aus katapultieren. Zur Begründung hieß es: „H. hat eine feindliche Grundeinstellung zu unserem soz. Staat. Entsprechend seinen Möglichkeiten beeinflusst er besonders Jugendliche feindlich, indem er diese u. a. vom gesellschaftlichen Leben abhält.“[140]

Für das MfS war Hauskeller ein Krimineller: „Der Tatbestand des § 106 StGB ist sowohl objektiv als auch subjektiv gegeben“,[141] lautete das Urteil. Eine Verhaftung lehnte man allerdings ab, weil sie „aus politischen Gründen nicht angebracht ist“ und außerdem „den Anschauungen des H. entgegenkommen würde, da eine solche Maßnahme für seine Person eine Visitenkarte bei den Gleichgesinnten ist“.[142] Stattdessen baute man auf „Zersetzung“, auf den steten Tropfen, der den Stein schon höhlt. Insgesamt wurden 37 IM mobilisiert.[143] Sie steuerten an die Substanz gehende Rufmordkampagnen, diskreditierten Jürgen Hauskeller in Familie, Freundeskreis und Gemeinde, trieben ihn zur Depression. Man wollte Voraussetzungen dafür schaffen, „das Ansehen der Person H. sowie das seiner Ehefrau bei der christlichen Bevölkerung verächtlich zu machen".[144] Gnadenlos injizierten die Sicherheitsorgane ihr lähmendes Gift. „H. soll sich mit seinen eigenen Problemen befassen und keinen Raum mehr haben, negativ und feindlich öffentlich aufzutreten. Durch sein ruiniertes Ansehen in Zella-Mehlis und allen kirchlichen Kreisen soll er zum Wegziehen bewegt werden und damit die negative kirchliche Gruppierung von Jugendlichen um ihn zerschlagen werden."[145]

Nahtlos ineinander übergehende Operative Vorgänge und Operative Personenkontrollen vermochten zwar nicht Jürgen Hauskellers theologische Visionen zu zerstören, zwangen ihn aber zur Aufgabe der umstrittenen Pastorenstelle. Im Februar 1975 beschloss die thüringische Landeskirche seine Versetzung nach Sondershausen-Stockhausen. Der Plan der Stasi

Gabi Trier/Robert-Havemann-Gesellschaft

Airtramp, Werkstatt der Offenen Arbeit Erfurt, 1986, von links: Roland Schauroth, Olaf Kickeritz, Oliver Jahn

war aufgegangen: Sie hatte hochrangige Amtsbrüder und die staatlichen Instanzen gegen Hauskeller in Stellung gebracht. Gemeinsam eröffneten sie das Kreuzfeuer. In einem Gespräch mit Landesbischof Ingo Braecklein und Oberkirchenrat Gerhard Lotz, die beide als IM registriert waren, redeten hochrangige Vertreter des Rates des Bezirkes am 29. Februar 1972 Tacheles. „Die Tätigkeit des H. kann durch staatliche Organe *nicht* mehr geduldet werden“, hieß es in einer vorbereitenden Strategieskizze. Seine Versetzung erachteten die SED-Genossen „als zweckmäßig und notwendig“.[146] Der Bischof, der den Kollegen als „Beatfan“ abkanzelte, wird im Protokoll mit klaren Worten zitiert: „Wenn wir jetzt offiziell gegen Hauskeller vorgehen, kann das zu einer Revolution führen. Hauskeller stellt sich auf die Kanzel und preist sich als Märtyrer, als einen von der Kirche Verstoßenen.“ Er ermunterte die Funktionäre, dem Unruhestifter, „wenn er gegen die Gesetze verstößt, einen gehörigen Denkzettel“ zu verpassen.[147] Der Fall eskalierte, denn Jürgen Hauskellers Idee fiel in weiten Teilen Thüringens auf fruchtbaren Boden. Das MfS warnte vor der „Tendenz“, dass er sich „zu einer Art Leitjugendpfarrer“[148] entwickle.

Ein zentraler Streitpunkt blieb die Musik. Sie verlieh den „anderen“ Gottesdiensten eine spezielle Anziehungskraft. Zu den schärfsten Gegnern gehörten konservative Kirchenmusiker, die um ihre Pfründe und den eisernen ästhetischen Kanon bangten. Jürgen Hauskeller sah sich manches Mal mit unverhohlener Feindseligkeit konfrontiert. „Zum 500. Geburtstag von Martin Luther fand 1983 ein großer Gottesdienst im Hof der Eisenacher Wartburg statt. Als Mitglied des Vorbereitungsausschusses wollte ich zwei moderne Stücke platzieren. Da stand der Landeskirchenmusikdirektor Herbert Peter auf und sagte: ‘Wenn diese Musik, die Herr Hauskeller vorschlägt, zur Aufführung gelangt, lege ich mein Amt nieder.’ Das war’s dann. Wir haben an zwei Fronten gekämpft. Die Kirche wollte jene Art von Musik nicht reinlassen, weil sie Angst vor Unordnung und Irrlehre hatte. Und der Staat witterte auch Chaos, Provokation, Feindlichkeit. Da waren sich Kirche und Staat einig.“

Der Geheimdienst goss zusätzliches Öl ins Feuer. Er wies seine Bezirksverwaltungen an, „der Arbeit unter den Kantoren und Kirchenmusikdirektoren mehr Aufmerksamkeit zu widmen. Aus diesen Kreisen kommen die Ablehnungen solcher Gottesdienste, die gewichtige künstlerische Argumente ins Feld führen.“[149] Letztlich konnte auch die von der Stasi lancierte „innerkirchliche Opposition gegen den ‘Gottesdienst einmal anders’“[150] Jürgen Hauskellers Mission nicht stoppen. Seine Jugendarbeit prägte Generationen – bis zum Fall der Mauer.

Kundentreffs

Jürgen Hauskeller war in den Augen seiner Kontrahenten kein Amok laufender Einzeltäter, sondern der verlängerte Arm westlicher Hintermänner. Immer wieder wiesen sie darauf hin, dass der religiöse Einsatz populärer Musik jenseits der innerdeutschen Grenze seit langem diskutiert und praktiziert wurde. Bundesrepublikanische „Zentralen“ hätten diese „Form der ideologischen Diversion“[151] in die DDR eingeschleust. Als Hauptquartier der Meinungsmacher galt die Evangelische Akademie Tutzing. Sie initiiere „die Einführung des Schlagers, des Jazz, des Beat usw. in die evangelische Kirche“.[152] Schon 1954 hatte die Studienstätte eine dreitägige Konferenz anberaumt, die das religiöse Potenzial des Jazz kontrovers beleuchtete. Den Trend der Akklamation griff im Folgejahr ein Kongress der Evangelischen Akademie Baden auf. In den Vorträgen und Debatten wurde deutlich, dass „nicht nur die ‘Intelligenz’, sondern auch die führenden Vertreter der Kirche ein durchaus positives Verhältnis zum Jazz haben“.[153] Während seine Widersacher befürchteten, „mit dem Jazz könne Säkularisierung und Abfall in die Kirche eindringen“, argumentierten die Sympathisanten, „dass die Jazz-Musik ein Kind des Glaubens ist, vielleicht auf der Suche, den Weg nach Hause zu finden“.[154]

Im Osten Deutschlands wurde das Tauziehen aufmerksam verfolgt. Am 24. September 1966 feuerte das CDU-Blatt „Neue

Zeit“ im Auftrag der Stasi[155] eine Breitseite gegen die neutönerischen Gottesdienste ab. Der Autor, IM „Ehrlich“, fuhr eine clevere, aber auch durchsichtige Taktik: Er zitierte westdeutsche Kritiker und meinte doch die DDR. Seine knappen Kommentare und Statements mussten als Zurechtweisung der eigenen Reihen gelesen werden. Es ginge bei den alternativen Messen „nicht primär um Erneuerung der Kirchenmusik, sondern um Propagandatricks“, die „leergewordene Kirchen“ zu füllen trachteten. Tatsächlich führen derlei „unlautere Mittel“ zu „Leitbild- und Gesinnungslosigkeit“, zu theologischer Leere und politischer Passivität. Anstelle gesellschaftlichen

Archiv Theo Lehmann

Kreuzkirche zu Karl-Marx-Stadt: „Gottesdienst – einmal anders“, ca. 1965

Engagements reagiere man sich „durch Mätzchen ab. Wer kein ‘neues Lied’ mehr zu singen weiß, tröstet sich und andere mit Schnulzen.“[156]

Westliche Beobachter werteten den Artikel als Fanal. Zwei Tage nach seiner Veröffentlichung konstatierte der Evangelische Pressedienst: „Moderne Gottesdienste mit Jazz-Elementen scheinen in der DDR jetzt offiziell als politisch unerwünscht zu gelten.“ Der Beitrag, so wurde gemutmaßt, liefere „das ideologische Rüstzeug“ für staatliche Kampagnen.[157] Dass er formal die 1965 von einem Stuttgarter Verlag herausgegebene Schrift „Fantasie für Gott – Gottesdienste in neuer Gestalt“, ein Auftragswerk des Deutschen Evangelischen Kirchentages, in den Mittelpunkt der Attacke rückte, war ein Fingerzeig: Die Idee und ihre Verfechter wurden en bloc als „feindlich“ disqualifiziert.

Ohne sie expressis verbis zu benennen, spielte der Verfasser auf die „Gottesdienste – einmal anders“ in der Kreuzkirche von Karl-Marx-Stadt an, die jeden letzten Sonntag des Monats stattfanden und auch scharenweise langhaarige Outlaws aus Thüringen anzogen. Der Andrang war so gewaltig, dass die Messen ab dem 27. November 1966, wo 1700 Jugendliche herbeiströmten, zweimal hintereinander durchgeführt werden mussten. Gelegentlich wurden sympathisierende Medienstars eingeladen. Schlagersänger Fred Frohberg überraschte als Interpret von Negro Spirituals, und der Schauspieler und Liedermacher Reiner Schöne gab den Bluesbarden.

Weil vorzugsweise afroamerikanisch gefärbte Musik zum Einsatz kam, versah der Geheimdienst die Karl-Marx-Städter Messen mit dem pauschalen Etikett „Jazz-Gottesdienste“. Getürkte Beschwerden und anonyme Drohbriefe sollten Verwirrung und Angst stiften. Ein Schreiben des „evangelischen Wächterdienstes“ wandte sich in „brennender Sorge“ an den sächsischen Landesbischof und forderte ein hartes Einschreiten gegen die „kirchliche Jazzseuche“. „Was hier unter Ihren Augen und Ihrer Duldung in unserer evangelischen Kirche geschieht, kann nur als ein Riesenskandal bezeichnet werden!“

Der Absender überschlug sich vor Eifer: „Wie lange wird es dauern, bis immer 'berühmtere' Originalbands engagiert werden, bis schließlich die Beatles wie heulende Derwische die Gemeinde in Raserei und Ekstase versetzen?" Süffisant flocht man ein: „Dass bei diesen 'Gottesdiensten – einmal anders' auch, gelinde gesagt, sehr fragwürdige, anstößige und unpassende politische Ausfälle vorgebracht worden sind, wollen wir nur am Rande erwähnen." Der nebulöse „Wächterdienst" erpresste den Glaubensfürsten mit Selbstjustiz. „Wir setzen Sie in aller Form davon in Kenntnis, dass wir beschlossen haben, diese Sache an uns zu ziehen. Bevor wir jedoch die notwendigen Maßnahmen durchführen, stellen wir Ihnen anheim, Ihrerseits mit den Ihnen zu Gebote stehenden Mitteln rasch, wirksam und sichtbar durchzugreifen."[158]

Sturmläuten

Du traust deinen Augen nicht und noch weniger deinen Ohren, wenn du mitten in der Kirche eine Originaljazzband trommeln, blasen und quäken hörst. Dazu kannst du dann noch Schlagersänger wie Fred Frohberg mit duften Schlagersongs, sogar in originalamerikanischer Sprache hören. Und das alles ganz umsonst! Das ist nicht etwa eine einmalige Werbevorstellung. Jeden Monat kannst du wenigstens einmal eine solche Jazzerbauungsstunde haben!
Liebe Mitbürger! Wir haben bestimmt nichts gegen den Jazz einzuwenden – aber doch nur da, wo er hingehört: auf den Tanzboden, ins Tanzcafé oder auf eine Party im Künstlerkeller. Aber in unseren ehrwürdigen Gotteshäusern singt und betet die Gemeinde mit deutschen Chorälen unter den Klängen unserer herrlichen Orgeln. Unter dem Kreuz unseres Herrn und Heilandes, vor unseren Altären wollen wir in stiller Andacht knien und beten. Wer uns dort mit Jazzmusik und amerikanischen Songs

erbauen will, begeht eine Gotteslästerung und Entweihung unseres Gotteshauses. Wir sind gewiss, dass unser Herr und Heiland, wenn er noch leibhaftig unter uns wandelte, mit heiligem Zorn die Geißel schwingen würde und sie mitsamt ihren Jazzapparaten zum Tempel hinausjagen würde: 'Mein Haus soll sein ein Bethaus! Ihr aber habt es zur Jazzbude gemacht!'
Wir fragen unseren hohen Herrn Landesbischof: Ist unsere Kirche schon so senil und geistlich verarmt, dass sie das Wort Gottes mit dem Jazzgedudel gleichsetzt? Wann wird der Gotteslästerung in unserer Kirche Einhalt geboten? Ist es nicht an der Zeit, vom tiefen Schlaf aufzuwachen und darüber nachzudenken, was aus unserer Kirche werden soll? Wir beten zu Gott, unsere Kirche zu behüten und lassen die Glocken unserer Landeskirche zum Sturm läuten!
IN GOTTES NAMEN

Anonymer Rundbrief, Auszug, BStU, MfS HA XX/4, 2451, Bd. 3 von 3, Bl. 574.

Schwer nach Stasi roch auch ein Pamphlet der „Kirchenmusikdirektoren des Landes Sachsen", das sich auf eine Tagung vom September 1966 bezog. 31 von 32 Anwesenden hatten dort über die strittigen Messen den Stab gebrochen. Sie „verurteilten einmütig die in der Kreuzkirche zu Karl-Marx-Stadt gebotene inhumane Musik der Straße", hieß es in dem dubiosen, die Atmosphäre weiter anheizenden Rundbrief. „Jazz in Gottesdiensten schadet dem Ansehen der Kirche und untergräbt ihre Autorität! Jazz in der Kirche entwürdigt das Andenken unserer großen Meister der Musik, der Bach, Händel und vieler anderer. Jazz unter der Kanzel ist Entweihung."[159]

Die gleichen Argumente kochten erneut hoch, als Karl-Marx-Städter Geistliche mit den sogenannten „Kundentreffs" gezielt auf die Szene zugingen. Der Impuls kam aus dem „Montagskreis" – einer wöchentlichen Runde langhaariger JG-Mitglieder, die den Zusammenkünften in der Jenaer Johannisstraße glich. Die „Kundentreffs“ fanden ab Mai 1977 monatlich statt, dauerten durchschnittlich drei Stunden und wurden von Christoph Fischer, Diakon der Evangelisch-Lutherischen Gemeinde St. Markus, geleitet. Weil der Zustrom binnen kurzer Zeit bis auf geschätzte 1200 Besucher anschwoll, zog man in die Kreuz- und Friedenskirche um. Das Gros der Teilnehmer waren „Nichtchristen, die aus allen Bezirken der DDR, vorwiegend aus den südlichen“, kamen. Die erste Hälfte der Veranstaltung diente der Evangelisation und wurde als „Bibelstunde“ bezeichnet. Sie trug laut Stasirecherchen „Merkmale, die geeignet waren, Jugendliche in Opposition zu den sozialistischen Verhältnissen und zur Staatsordnung der DDR zu bringen. Im Anschluss an diese Bibelstunden wurden bisher zur Erhöhung der Attraktivität für die Jugend Beatgruppen aus dem Bereich der Kirche bzw. andere Musikgruppen zum Auftritt gebracht.“[160] Zwischen den Songs rezitierten Kunden Selbstverfasstes und Gedichte von Hermann Hesse, Bertolt Brecht, Erich Kästner oder Wolfgang Borchert.

Von Christoph Fischer moderierte Diskussionen schnitten brisante Themen an: Armee, Frieden oder Umwelt. Der zehnte „Kundentreff“ am 18. Februar 1978, zu dem Stefan Diestelmann eingeladen war, schrammte internen Berichten zufolge knapp am Eklat vorbei. „Provokatorische Zurufe aus der Masse“ führten „zu einem politischen Streitgespräch mit eindeutig feindlich-negativem Charakter“.[161] Spitzel fassten die aufgebrachten Statements zusammen: „Bei uns gibt es keine Freiheit und keine offenen Meinungsäußerungen“, „Wir können nicht machen, was wir wollen und denken“, „In der DDR gibt es keine Freiheit im Reiseverkehr und in der Entscheidung über die Ableistung des Wehrdienstes“, „Wenn man frei sein will, muss man in die BRD flüchten“, „Es ist verkehrt, nach dem Westen abzuhauen, wir müssen hier etwas verändern“.[162]

In der Kirche spielten sich ähnliche Szenen ab, wie später bei den Ostberliner Bluesmessen. Die Stasi notierte: „Viele der anwesenden Jugendlichen erschienen in angetrunkenem Zustand bzw. nahmen während der Veranstaltung größere Mengen Alkohol zu sich."[163] IM „Rosi" beobachtete, „dass eine große Flasche Wodka bei einigen Leuten reihum ging. Dieses heizte die Stimmung ziemlich an, so dass es verhältnismäßig lautstark wurde."[164] Obwohl der Diakon anmahnte, auf dem Nachhauseweg jeglicher Konfrontation auszuweichen, kam es zu „rowdyhaften Ausschreitungen, Widerstandshandlungen und Beleidigungen gegenüber Angehörigen der Transportpolizei". Bei Ausweiskontrollen titulierte man die Ordnungshüter als „Trapo-Bullen" und „brutale Schweine", es entspann sich ein Handgemenge. Uniformmützen wurden heruntergerissen, Schlagstöcke entwendet. Auf dem Karl-Marx-Städter Hauptbahnhof lieferten sich zu mitternächtlicher Stunde an die 70 Kunden ein Scharmützel mit der Staatsmacht. Acht Personen wurden zugeführt, vier landeten hinter Gittern.[165]

Das MfS rüstete zur Gegenwehr. Es wollte erreichen, dass die aufrührerische Sinnsuche an Zugkraft verliert „und in der Perspektive derartige Treffen gänzlich unterbleiben". „Verant-

Archiv Marina Böttcher/Uwe Kulisch, Doris Bargenda

Penny und Kefte, Bachstelzen-Café in Erfurt-Bischleben, 1980

wortungsbewusste Laienchristen“ wurden zu Protestbriefen an den Bischof animiert. Die Gefolgsleute erkannten „im Wirken des Fischer eine ernste Gefahr für die Kirche und ihr gutes Einvernehmen mit dem Staat. Sie informierten, dass die Kirche zu einem Schauplatz gottloser Handlungen durch das Wirken des Fischer und seiner Anhänger gemacht werden soll.“ Pastoren wurden unter Druck gesetzt, die Türen der Friedenskirche den Kunden verschlossen, der Treff fand nur noch in größeren Abständen statt.[166] Die „Firma Horch & Guck“ verteilte ihre Zuträger im Kirchgestühl und instruierte sie minutiös. Man interessierte sich für sämtliche Details, von Personendaten, musikalischen und inhaltlichen Fragen, die „Teilnahme ausländischer Journalisten und deren konkrete Tätigkeit“[167] bis zur Höhe der Kollekte.

Die „Kundentreffs“ fungierten als ein Reservat des befreiten Wortes. Nach der Ausgabe vom 15. Januar 1978 vermerkte die Stasi: „Durch IM konnte herausgearbeitet werden, dass alle anwesenden Jugendlichen von dieser Veranstaltung begeistert waren.“[168] Wenn bei der Begrüßung auch „die inoffiziellen Kräfte der Behörden“[169] bedacht wurden, ging mit dem frenetischen Beifall ein Stromstoß, ein kostbares Gefühl von Stärke durch den Raum. Zudem waren die Treffen perfekt terminiert: Der Samstagnachmittag eignete sich hervorragend als Vorprogramm für die Eroberung der Dorfsäle, die von Karl-Marx-Stadt aus leicht erreicht werden konnten.

June in Rudolstadt

Alternative Andachten wurden auch in Rudolstadt zelebriert. Dort bekleidete seit 1957 Walter Schilling das Amt des Kreisjugendpfarrers. Am 27. September 1969 lud er zu einem „Gottesdienst – einmal anders“ in die Stadtkirche. Das musikalische Konzept hob sich von dem in Karl-Marx-Stadt und Zella-Mehlis praktizierten Modell ab: Die Medianas, die für die Umrahmung sorgten, boten einen straßentauglichen Sound. Sie coverten die Rolling Stones, The Who, Jimi Hendrix, Eric Burdon und die Beatles. Um keine schlafenden Hunde zu wecken, wurden die Namen der Originale jedoch nicht auf dem Programmzettel erwähnt, sondern als „Spiritual“ oder „Traditional“ kaschiert. Die Resonanz war geteilt. Während die 500 Jugendlichen ihr Lebensgefühl exakt gespiegelt sahen, setzten sich pikierte Geistliche und die Sicherheitsorgane zur Wehr. Schon bei der nächsten Messe durften die Medianas auf Druck der Kirchenleitung, die ihrerseits „vom Rat des Kreises erpresst“[170] wurde, nicht mehr spielen.

Walter Schilling wollte mit der Musikwahl ein besonderes Zeichen von Realitätssinn und Öffnung setzen: „Meines Wissens waren wir in Thüringen die ersten, die keine ‘Halleluja-Liedlein’ mehr gemacht haben. Hauskeller machte noch ‘Halleluja-Liedlein’, die also irgendwie immer einen christlichen Text haben

Sammlung Walter Schilling, ThürAZ-P-SW-F-101

Walter Schilling in der Rudolstädter Stadtkirche, „June 79“

mussten, und wir haben gesagt: 'Nee, Musik transportiert ja Inhalte auch ohne Worte.' Blues, Geschichte des Blues, da weiß das jeder, wie das zusammenhängt."[171] Um 1968 tauchte Walter Schilling selbst in die Szene ein. Er suchte Kontakt zu den als „Gammler" verschrienen Teenagern, die abends am Rudolstädter Bahnhof oder vorm Kino herumlungerten, und ließ sich die Haare lang wachsen. Schilling verstand die Geste der ausgestreckten Hand als Solidaritätserklärung und Absage an die staatliche Erziehungsdiktatur. Weil er sich kompromisslos und antiautoritär auf die stigmatisierten Jugendlichen einließ, blieb er über Jahrzehnte hinweg eine „aureolische Lichtgestalt"[172] der Offenen Arbeit. „Ich war einer von ihnen, ich gehörte dazu",[173] schätzte Walter Schilling rückblickend ein. Und sein Kollege Uwe Koch, von 1977 bis 1989 Stadtjugendpfarrer in Rudolstadt, sekundierte: „Wir haben mit den Leuten und mit dieser Musik, dem Blues, gelebt. Das war deckungsgleich. Wir sind gemeinsam zu Konzerten ins Malzhaus nach Plauen gefahren, nach Schlettwein und zum Schleizer Dreieckrennen. Und wir haben uns Profibands zu Festivals der Offenen Arbeit eingeladen – Monokel oder Wind, Sand & Sterne. Das gehörte einfach dazu. Vereinnahmung war nie unser Ziel. Wir wollten aus der Kirche heraus in die Gesellschaft hineinwirken."

Im Sommer 1978 setzten Schilling und Koch ein weithin sichtbares Signal. Sie organisierten vom 30. Juni bis 2. Juli ein überregionales, „DDR-offenes Werkstattwochenende", getragen von den Jungen Gemeinden in Rudolstadt und Saalfeld. Dem christlichen „Missionsauftrag" entsprechend, sollten große Kreise gezogen werden, wollte man auch konfessionslose sowie „sozial gefährdete und sozial geschädigte Jugendliche" erreichen. Das Konzept forderte ein „stärkeres Eingehen auf die Bedürfnislage" dieser Klientel, es räumte Musik und Kultur hohe Priorität ein. Zugleich sollte die „unausgesprochene Frage nach [der] Sinngebung ihres Lebens und deren religiöser Dimension" thematisiert werden. Das dreißigköpfige Vorbereitungsteam fixierte grundlegende Regeln und erwünschte Resultate: „Verzicht auf Showeffekte,

Mitbestimmung Jugendlicher, Bewusstseinsbildung durch Information und Diskussion, Suche nach Möglichkeiten individuell-kreativer Selbstdarstellung und Selbstverwirklichung, Entdeckung liturgischer Formen im Lebensvollzug".

Lumpi und John Mayall

John Mayall's Bluesbreakers spielten 1987 in Leinefelde. Wolfgang Thalmann, damals Jugenddiakon in Gera, rief ein paar Wochen vorher an und sagte: „Wenn du mich mit dem Auto mitnimmst, besorge ich dir eine Eintrittskarte." Da war ich natürlich sofort dabei. Auf der Hin- und Rückfahrt hat er mich zur Offenen Arbeit ausgefragt. Nach der Wende stellte sich heraus, dass er IM war und dass sein Verein mein Ticket bezahlte. Ich erlebte dieses Wahnsinnskonzert auf Kosten der Stasi! Thalmanns Spitzname war übrigens Lumpi. Den trug er völlig zu Recht.

Uwe Koch

Man sah das Treffen zudem als Plädoyer für ein gewaltfreies Miteinander. Volks-, Presse- und Heimatfeste hatten mehrfach schwere Zusammenstöße zwischen Langhaarigen und Sicherheitskräften zu verzeichnen, was Uwe Koch, Walter Schilling und ihre Mitstreiter zusätzlich motivierte. Uns bewegt „die Sorge um die Vorgänge bei verschiedenen nichtkirchlichen Anlässen – Altenburg, Frankfurt/O., Berlin, Erfurt[174] u. a. –, die hintergründige Aggressionen bei Jugendlichen wie auch [bei der] Gesellschaft freigesetzt haben", hieß es im Exposé. „Die Ursachen sind u. E. vor allem in mangelnden Möglichkeiten zur Persönlichkeitsfindung und zur Einübung sozialer Verhaltensweisen bei freier Entscheidungsmöglichkeit zu suchen."

Eine akribische und umsichtige Planung, die auch die staatlichen Stellen offensiv informierte, nahm Kritikern und Antipoden den Wind aus den Segeln. Man stellte die drei Tage unter das unverfängliche Motto „June 78“ und wählte als Generalthema „Christen im UNO-Jahr gegen die Apartheid“. Das Echo war überwältigend: Statt der erwarteten 600 kamen „ca. 1200 Teilnehmer aus über 100 Orten aus fast der ganzen DDR“. Sie deckten ein Altersspektrum von 16 bis 30 Jahre ab und rekrutierten sich zu drei Vierteln aus Atheisten. Ihnen wurde ein attraktives Programm geboten, zu dem Diskussionsrunden und ein Nachtgottesdienst genauso gehörten wie Lesungen, Basare, Ausstellungen, Auktionen und Konzerte. Den stärksten Zulauf hatte ein Auftritt der vogtländischen Gruppe Wanderer, die mit Folk und Blues in die Stadtkirche lockte. Eine Chansonveranstaltung zog 250 Besucher; der Nachmittag mit Volksmusik musste gestrichen werden – „kaum Nachfrage“, lautete der lakonische Kommentar. Dagegen besuchten fast 1000 junge Leute die Darbietung eines Klassik-Duos und lauschten „in außerordentlicher Ruhe“ der filigranen „Gitarrenmusik vom Mittelalter bis zur Neuzeit“.

Sammlung Ralf Vogel, ThürAZ-F-VR-006.01

Uwe Koch, Anfang der 1980er-Jahre

Die Bilanz der Veranstalter von „June 78“ fiel über alle Maßen positiv aus: „Es entstanden *keine* Schäden. Es gab *keine* Störungen durch Jugendliche. Es gab *keine* Betrunkenen.“ Die Besucher lobten „die geglückte Verbindung von Freiheit und Angebot“ und wünschten sich eine Wiederholung. Anwohner und Gemeindemitglieder applaudierten der „bewundernswerten Disziplin", nahmen jedoch „an der Kleidung und Aufmachung der Jugendlichen" Anstoß. Seitens einer Mitarbeiterin des Rates des Kreises, zuständig für Kirchenfragen, wurde „höchst missbilligend angemerkt, dass sich am Sonntagfrüh fünf Jugendliche am Marktbrunnen mit einer (!) Zahnbürste die Zähne geputzt haben".[175] Walter Schillings Replik: „Ja, freut euch doch, dass sie sich überhaupt die Zähne putzen."[176]

Interne Rapporte maßen dem Werkstattwochenende enorme Brisanz zu. Geschickt hatte man das Thema „Apartheid" in den realsozialistischen Kontext transferiert, über Emanzipation, den Umgang mit Ausländern und Behinderten diskutiert und gefordert: „Trau dem andern und dir selbst etwas zu!" oder „Lass den anderen anders sein!" Jeder war eingeladen, sich Frust und Kummer von der Seele zu reden. Kunden berichteten über die alltäglichen Kollisionen mit der Polizei und die Grenzerfahrungen des Freiwilds. Das Gefühl der Ohnmacht wurde in Selbstvertrauen, Stärke übersetzt. „Provoziert zur Güte", rief Uwe Koch.

Die Stasi hielt „June 78" komplett „unter operativer Kontrolle"[177] und mischte im Vorfeld der zweiten Ausgabe mit. Am liebsten hätte man einer Neuauflage den Riegel vorgeschoben, entschied sich dann aber doch für eine subtilere Strategie: „Nach gründlicher Beratung mit IMV in kirchlichen Schlüsselpositionen und in Abstimmung mit der Arbeitsgruppe Kirchenfragen im ZK der SED wurde aus kirchenpolitischen Erwägungen entschieden, kein Verbot der geplanten Veranstaltung auszusprechen, jedoch mit allen verfügbaren operativen Mitteln eine Einschränkung zu erzwingen und die Zielstellung der Vorgangsperson[178] sowie der übrigen Veranstalter zu unterbinden." Jene bestünde darin, „oppositionelle Grundhaltungen gegenüber der sozialistischen Gesellschaft herauszubilden bzw. zu verfestigen".[179]

Trotzdem wurde „June 79" ein großer Erfolg. Rund 2000 Jugendliche reisten aus allen Winkeln der DDR nach Rudolstadt.

„Das durchschnittliche Alter lag zwischen 16 und 25 Jahren“, resümierte der Geheimdienst. „Bis auf einen geringen Teilnehmerkreis fielen die meisten durch dekadentes und verwahrlostes Äußeres auf (typische Gammler- und Trampererscheinungen!).“[180] Die Losung des Treffens, das vom 29. Juni bis 1. Juli stattfand, knüpfte wieder an eine globale Botschaft an: „Junge Christen im UNO-Jahr des Kindes“. Mit Wind, Sand & Sterne, in reduzierter Duo- Variante, wurden auch diesmal Szeneheroen eingeladen.

Gegen den Widerstand der eigenen Reihen warben Walter Schilling und Uwe Koch für eine Fortsetzung des Projekts. In einem Gespräch mit hochrangigen Amtsbrüdern am 12. Februar 1980 wägten sie Pro und Kontra ab und kamen zum Schluss: „JUNE ist nötig“ – „gerade auch für Randgruppen“,

Sammlung Karsten Christ, ThürAZ-P-CK-F-005.39

„June 79“

„JUNE ist langfristige *Hoffnung*".[181] Sie kämpften auf verlorenem Posten, denn die Entscheidung war längst gefallen. Das MfS hatte eine vernichtende Dokumentation zusammengestellt, die der Landeskirchenleitung als düstere Prophezeiung präsentiert wurde. Noch der kleinste Verstoß gegen „die polizeiliche Meldepflicht", Hygiene und Brandschutz oder „Ruhe und Ordnung" war von mehr als 30 IM penibel festgehalten worden. Man hatte sämtliche Veranstaltungen mitgeschnitten, über 1800 Fotos geschossen und konnte 25 Bürgereingaben hinblättern.[182] Oberkirchenrat Hans Schäfer, der im Auftrag des Bischofs mit dem Fall „June" betraut war und simultan als IM die Fäden zog, kanzelte die Werkstatt als „Gammler- und Trampertreffen"[183] ab und argumentierte: „Das Ansehen der Kirche sei öffentlich geschädigt worden. Eine Wiederholungsveranstaltung dürfe es nicht geben."[184]

Manchen Zeitzeugen gelten die zwei Juniwochenenden als biografische Zäsur. „Wir sind mutiger zurückgefahren",[185] erinnern sie sich noch 20 Jahre später. Andere werten die „Rudolstädter Hippie-Feste" gar zum „Probelauf für die spätere friedliche Revolte" auf: „Für drei Tage war inmitten des griesgrämigen DDR-Alltags eine Insel spielerischen Frohsinns aufgetaucht und hinterließ in vielen Köpfen so etwas wie ein Idealbild einer besseren DDR." Und Stefan Gerlach, Sänger von Wind, Sand & Sterne, meint, das Konzert bei „June 79" wäre sein „größter Auftritt überhaupt" gewesen: „In der Kirche waren an die 2000 Leute – und wir nur zwei. Aber ein total aufmerksames Publikum. Bei den leisen Liedern herrschte absolute Ruhe, und bei den Krachern 'Tramptour' und 'Verflossene Jahre' sang die ganze Kirche mit. Dort überkam mich zum ersten Mal das Gefühl, dass wir eine gewisse Macht hatten."[186]

Wahrscheinlich als Flucht nach vorn war das Interview gedacht, das ein waghalsiger Journalist der FDJ-Tageszeitung „Junge Welt" Ende 1979 mit Walter Schilling führte und dessen Druckfahne bei der Stasi landete. Der Pfarrer schnitt sein seelsorgerisches Konzept und zeitgemäße Formen der „Ver-

Sammlung Ralf Vogel, ThürAZ-F-VR-001.02

„Jugend 86“

kündigung“ an, er philosophierte über „das gemeinsame Anliegen von Christen und Marxisten“ und outete sich als moderesistenter Karo-Raucher. Den Kern von „June 79“ fand er im „Erlebnis der Gemeinsamkeit“.[187] Das Gespräch wurde nie veröffentlicht.

Denn intern galt Walter Schilling als Staatsfeind. Sein Blick fürs Wesentliche, gepaart mit Charakterstärke und Integrität, stieß den Bütteln übel auf. Widerwillig attestierten sie ihm eine ungewöhnliche Autorität: „Schilling ist äußerst intelligent und verfügt über hervorragende psychologisch-pädagogische Fähigkeiten. Er ist in der Lage, Hunderte von Jugendlichen über einen Zeitraum von mehreren Stunden für seine Ausführungen zu begeistern. [...] Schillings Einflussbereich zieht sich über die gesamte Republik.“[188] Um ihn und sein Wirkungsfeld zu „zersetzen“, wurde er in Operativen Personenkontrollen und Operativen Vorgängen „bearbeitet“. Sie trugen Tarnnamen wie „Spinne“ und „Reaktionär“. Letztendlich zwangen aber weder die perfiden Methoden der Stasi, die „hierarchische Strukturen und Verhaltensmuster“[189] der Kirchenleitung ausnutzte, noch aufgewiegelte Biedermänner den Unbeugsamen in die Knie.

Besonderes Augenmerk widmete man dem Rüstzeitheim in Braunsdorf, das ab 1959 unter der Regie von Walter Schilling aufgebaut worden war. Nach 1968 entwickelte es sich für manchen politisierten Kunden zu einer „Insel im roten Meer“. Bis der Staat 1980 die Schließung aus vorgeschobenen hygienischen Gründen durchsetzte, blieb es ein Bollwerk des freien Geistes. Walter Schilling: „Braunsdorf hatte eine enorme Breitenwirkung, die kein anderes Heim so schaffen konnte, weil da nicht so ein ständiger Betrieb war. Braunsdorf hat zur Vernetzung der Leute untereinander, einer ganz bestimmten Szene, die von der 68er-Aufmüpfigkeit herkommt, enorm viel beigetragen. Sicher ist in Braunsdorf auch Bewusstseinsbildung passiert, vor allem aber ist da Selbstbewusstsein gewachsen. Der Schwerpunkt war die Vernetzung und der Versuch, ein Stück gemeinsames Leben zu probieren.

BStU, MfS, Ast. Gera AKG-Dok, Inf. 4204

Bilddokumentation der Stasi zu „Jugend 86“, Ankunft von Teilnehmern

Hier sind Theorie und Praxis nie ganz auseinandergefallen, ganzheitliches Leben haben wir angestrebt. Ohne Braunsdorf überschätzen zu wollen – sicher macht man das manchmal –, aber ich denke, dass Braunsdorf zur Herausbildung eines eigenständigen Denkens in der DDR einen wesentlichen Beitrag geleistet hat."[190]

Mit heftigem Gegenwind wurden Walter Schilling und Uwe Koch konfrontiert, als sie 1986 die Idee von „June" reanimierten. Den 20. bis 22. Juni stellten sie unter das Bibelwort „Eure Jugend wird Zukunft schauen". Die Einladung unterschiedlicher „Randgruppen" zu „Jugend 86" umriss als Anliegen: „Haben wir Lust zur Zukunft oder nicht vielmehr Frust angesichts der Zukunft? Werden unsere Visionen gewollt und gebraucht? Wir wollen mit Euch über diese Fragen nachdenken, ohne dass wir fertige Antworten haben."[191] In Zeiten zunehmender Gleichgültigkeit und Resignation, angesichts des nicht abreißenden Exodus gen Westen, sollte das Rudolstädter Wochenende Zuversicht spenden. „Bleibe im Lande und wehre dich täglich!", lautete „das heimliche Motto". Wenn die „June"-Veranstaltungen „so etwas wie unser Woodstock" waren, erklärte Uwe Koch, „dann war 'Jugend 86' nahe an unserm Altamont. Es war ein letztes Aufbäumen, die Leute noch hier zu halten und denen zu sagen, es ist sinnvoll, es kann sogar Spaß machen."[192]

Nach Stasi-Schätzungen belief sich die Zahl der Teilnehmer auf 800, „darunter ca. 250 Punk's und Skeenhead's [sic!] aus den Bezirken Berlin, Leipzig, Halle, Erfurt und Gera".[193] Für sie wurden Bands wie Schleim-Keim, Fatal, Wutanfall, Rotz-Kotz, Gefahrenzone und Airtramp engagiert. Pasch krönten den „Liturgischen Abend" am Samstag und lösten eine „Welle von Glück"[194] aus. Sie coverten Ton Steine Scherben, Roger Chapman und die bluesige Version von Fleetwood Mac und trieben mit ihren eigenen, widerborstigen Songs den Kunden auf die Bänke. Der Gig begann symbolträchtig: Die Musiker enterten den Altarraum, traten eine Mauer aus Schuhkartons ein und sangen Marius Müller-Westernhagens

„Mit 18" – „Ich möcht' zurück auf die Straße"... Landesbischof Werner Leich, den Schilling und Koch absichtlich, „zum Lernen" eingeladen hatten, ging auf Distanz. Walter Schilling zufolge hätte er sich über Pasch echauffiert: „Ich empfinde das als Krawall. Eine solche Gruppe gehört nach meinem Empfinden nicht in die Kirche!"[195] Das Konzert wäre „eine Aufwiegelung der Jugend, und dafür bekommen Sie in Zukunft keine Zustimmung mehr von mir".[196] Synchron mit dem Rat des Bezirkes beschloss die Landeskirchenleitung, dass fortan „solche Veranstaltungen weder in Rudolstadt noch anderswo"[197] geduldet werden.

Sammlung Ralf Vogel, ThürAZ-F-VR-001.01

Pasch bei „Jugend 86", von links: Ralf Iben, Wilfried Woigk, Andreas Kirchner

Pasch und die Langhaarigenfraktion waren allerdings das geringere Übel. Vielmehr peitschten die Punks mit ihrer Anarcho-Attitüde den Puls des Rudolstädter Bürgers und gesitteten Kirchgängers in die Höhe. Es kam zu Reibereien, vereinzelt gingen Sicherheitskräften in Zivil und aufgebrachten Anwohnern die Fäuste durch. Braune Sprüche machten die Runde: „die hätte man früher vergast", „alle an die Wand stellen und erschießen" oder „das Gesindel ist schlimmer als Zigeuner".[198] Selbstkritisch schätzten die Organisatoren ein, dass sie sich

Gabi Trier

Party in der JG Stadtmitte mit Pump, 1985, vorn: Lutz Kowalewski und Arndt Noa, am Schlagzeug Karsten Christ

verhoben hatten. „Das Problem war, dass wir der Meinung waren, es können alle kommen, die Blueser und die Punks und diese und jene und die Grufties, und wir bringen die alle, die unterschiedlichen Szenen, unter einen Hut.“[199] In einem persönlichen Resümee, wenige Tage nach „Jugend 86“, kam Uwe Koch zum Schluss, „dass die Wiederholung einer solchen Veranstaltung in Rudolstadt nicht möglich und nicht ratsam ist“.[200]

Bernd Albrecht/Robert-Havemann-Gesellschaft

Peter Rösch alias Blase, Ost-Berlin, 1982

I'm Ready: Die Eroberung des öffentlichen Raumes

Das provokante Zur-Schau-Stellen der Insignien gehört zum Sinnprinzip einer jeden Jugendkultur. Abgrenzung heißt das erklärte Ziel. Rituale, Outfits und der spezielle Musikgeschmack ziehen einen dicken Strich zwischen den Eingeweihten, den „Kundigen", und der grauen Masse vermeintlicher Spießer und Mitläufer. Über das Fremde definiert man sich selbst.

Wenn die Blueser, getreu der Flower-Power-Ideale, auch Konfrontation verabscheuten, so wollten sie doch ihr Anderssein

Ralf Ströder

Karneval in Wasungen, Februar 1988: Besetzung eines leer stehenden Hauses

kommunizieren. Bot sich die Chance einer demonstrativen Landnahme, verließen sie die Nischen des Dorfsaal-Undergrounds. Sie okkupierten traditionelle Freiluftveranstaltungen – Städtejubiläen, Volks-, Heimat- und Pressefeste, die für DDR-Verhältnisse ein hohes Maß an Toleranz erlaubten. Hier wurde tagelang gezecht, gefeiert und getanzt. Sonst eine marginale Erscheinung im Alltag, mischten sich die Langhaarigen unters Volk. Sie reizten mit Lässigkeit und kehrten den Exzess nach außen. Beliebte Wallfahrtsziele waren etwa das Pfefferbergfest in Schmölln, der Weimarer Zwiebelmarkt, das Feldsteintreffen bei Themar, das Krämerbrückenfest in Erfurt, der Heiratsmarkt von Kaltennordheim, das Schleizer Dreieckrennen, das Baumblütenfest in Werder, der Dresdener Striezelmarkt sowie der legendäre Karneval in Wasungen.

Dort zelebrierten die Kunden ein Stück Woodstock-Feeling – sehr zum Ärger der Bürger und Sicherheitsorgane. Der Crash war programmiert: Gummiknüppel, Hundestaffeln und Verhaftungen gehörten zur Standardbilanz. Zwischen Gewalt und Action verlief ein schmaler Grat; das Muskelmessen mit der Staatsmacht trug durchaus eine sportliche Note.

Die Volksfeste waren Teil einer Selbstermächtigungsstrategie. Normalerweise an den Rand der Gesellschaft gedrängt, eroberten die Langhaarigen öffentlichen Raum. Sie taten es auf lustvolle Weise, deuteten die Massenveranstaltungen zu ihren Happenings um. Hier konnten sie zeigen, dass sie viele sind und dass dem Hedonismus eine subversive Kraft innewohnt. Der schockierte Otto Normalverbraucher lernte eine Lektion in Sachen Freiheit, wie der Kunde sie verstand: Man konsumierte Unmengen Alkohol, verbrüderte und liebte sich ungeniert, trieb im Strom der Musik, die zu solchen Anlässen reichlich geboten wurde. Die Open Airs waren das Ziel abenteuerlicher Tramptouren, der Scheitelpunkt einer steilen Kurve von Aktivitäten und Zeremonien. Stasi-IM „Rotkäppchen“ berichtete über den Trip von Szenegängern aus Sömmerda und Buttstädt zum Zwiebelmarkt 1984: Man traf sich bei einem Klappstuhl-Konzert in der Neudaberstedter HO-Gaststätte Hirsch, becherte anschließend auf einer „Rockpalast-Fete“ bis zum Morgengrauen und zog dann in die Weimarer Altstadt.[201] Außerdem strukturierten die Großveranstaltungen das Jahr auf lange Sicht, weil sie feste Termine hatten. Selbst wenn man sich für einige Zeit aus den Augen verlor, war sicher: In Erfurt, Schleiz oder Wasungen gibt es ein Wiedersehen.

Das Pfefferbergfest in Schmölln

Zu den frühen thüringischen Pilgerstätten zählte das Pfefferbergfest in Schmölln. Die dreizehnte Ausgabe, die vom 25. bis 27. Juni 1976 gefeiert wurde und als Headliner Veronika Fischer & Band annoncierte, fand in den sicherheitspolitischen Annalen einen exponierten Platz. Das MfS registrierte „150 sogenannte Tramper aus verschiedenen Bezirken der DDR“, die am letzten Abend die Ordnungsmacht auf den Plan riefen. Ein angetrunkener Jugendlicher strapazierte die Nerven des Kettenkarussellbesitzers und wurde von ihm zur Räson gebracht. Stunden später rückte der Krawalleur mit Verstärkung an, um Rache zu nehmen. Die Dinge schaukelten sich hoch, bald war die komplette Tramperclique versammelt. Schausteller setzten sich gegen die pöbelnde Meute „mittels Luftgewehrkolben und Verstreuen von Pfeffer zur Wehr.“[202] Sie „ließen ihren Wachhund frei“ und erhielten schließlich polizeiliche Unterstützung. „Die Schießbude wurde z.T. auseinandergerissen.“[203] Als die Lage eskalierte, kamen ein Löschwagen der Feuerwehr und Diensthunde zum Einsatz. Nach zwei Stunden war der Spuk vorbei. Zwanzig Jugendliche wurden „zugeführt“, zehn mit Ordnungsstrafverfahren belegt, drei hatten Bußgelder von zwei- bzw. dreihundert Mark zu zahlen, vier landeten in Haft. Ihnen lastete man „Widerstand gegen staatliche Maßnahmen“ und „Rowdytum“ an. Der vorbestrafte „Rädelsführer“, ein 21-jähriger Polierer, wurde zu einem Freiheitsentzug von 18 Monaten verurteilt.

Die interne Auswertung räumte strategische Schwächen ein. Präventivmaßnahmen ließen zu wünschen übrig, es mangelte an Koordinierung. Um die Kunden unter Kontrolle zu halten, wurde spontan entschieden, dass ihnen „eine Wiese am Festgelände zur Übernachtung zugewiesen wird. Über diese Festlegung waren wiederum nicht alle VP-Angehörigen, die zur Absicherung eingesetzt waren, informiert, so dass es bereits in der Nacht vom 26.6. zum 27.6.1976 zu Diskrepanzen mit Trampern kam, weil sie durch VP-Angehörige von der bezeichneten Wiese verwiesen wurden."[204] Etlichen der 20.000 Besucher erschien das Vorgehen der Polizei als „viel zu human". Sie fürchteten die Langhaarigen und sahen in ihnen „eine Schande für das gesamte Fest".[205]

Archiv Ulf Meyer

Beim Schleizer Dreieckrennen, 1975

Der Schlagabtausch von 1976 kam keineswegs überraschend. Tatsächlich wurde „erfahrungsgemäß mit dem Erscheinen einer größeren Anzahl von Trampern anlässlich des Pfefferbergfestes gerechnet".[206] Dass die Dinge unterm Mikroskop landeten, war einer erhöhten Alarmbereitschaft geschuldet. Der laue Wind der Liberalisierung, wie er in der jungen Ära Honecker wehte, schwenkte Mitte der Siebzigerjahre wieder um. Die kulturellen Phänomene des Aufbruchs sahen sich zunehmend unter Beschuss. Große Open Airs und Rockfestivals wurden als Schritt in die falsche Richtung kritisiert.

Am 23. Juli 1975 legte das Mielke-Ministerium eine umfangreiche „Information über negative Auswirkungen bei Auftritten von Beat-Formationen" vor. Zu den Adressaten gehörten das ZK der SED, die Ministerien für Kultur sowie des Innern und der FDJ-Zentralrat. Wie üblich, wurden einzelne Vorkommnisse als Indikatoren bedrohlicher Tendenzen ins Feld geführt. Das Dokument rekapitulierte Veranstaltungen in Berlin, Gaschwitz und Plauen, wobei das „II. Tanzmusikfest der Jugend" vom 23. bis 25. August 1974 in der vogtländischen Kreisstadt bezüglich Größe und Aufsehen hervorstach. Die Plauener Freiluftkonzerte hatten 4000 Fans angelockt, die am Ende mit der Polizei aneinander gerieten. Ihre Aussteigerattitüde, so kombinierte der Geheimdienst, finde in zügellosem Musikfanatismus eine ideale Projektionsfläche: „Das 'Bekenntnis' zu einer bestimmten Beat-Formation ist deshalb offensichtlich als Ausdruck einer gewissen Oppositionshaltung und gestörter Beziehungen zur sozialistischen Gesellschaft überhaupt zu werten."[207]

Mit dem Positionspapier der Stasi rückte das „Tramperproblem" auf die oberste politische Agenda. Das ZK der SED verabschiedete einen Katalog von Maßnahmen, der unter anderem vorsah: „Es ist eine Regelung zu schaffen, die gewährleistet, dass ein konzentriertes Auftreten von Beatgruppen nur mit Zustimmung des Ministers für Kultur erfolgen darf."[208] Die Szene zu zähmen, gelang jedoch nicht. Auch die folgenden Jahrgänge des Pfefferbergfestes wurden von Langhaari-

Jürgen Trübenbach

Ergo, 1976, von links: Rüdiger Schorr, Angelika Weiz, Olaf Schulz

genhorden und „Ausschreitungen“ überschattet. Der Treffpunkt in Schmölln hatte Konjunktur. „So hielten sich z. B. auf dem ‘Platz der Jugend’ – einem der vier Veranstaltungsplätze – 1976 ca. 150 Personen, 1977 ca. 300 Personen, 1978 ca. 600 Personen, 1979 ca. 1100 Personen mit einem relativ hohen Anteil Jugendlicher/Jungerwachsener mit negativ-dekadentem Aussehen auf.“[209] Ernüchtert konstatierte der Bericht über die 1979er Veranstaltung: „Der übermäßige Alkoholgenuss dieser Personen, ihr verwahrlostes und schmutziges Aussehen sowie unmoralisches und unästhetisches Verhalten verärgern die Bevölkerung und führten zum Rückgang der Teilnahme durch die Einwohner von Schmölln.“[210] Diesmal waren 140 Festnahmen zu verbuchen; über 80 Prozent entfielen auf Personen zwischen 16 und 22 Jahren.

Dabei hatten die Sicherheitsorgane ihr Konzept nach 1976 ausgefeilt. Eine genau kalkulierte Programmgestaltung verfolgte das Ziel, „die Jugendlichen mit negativ-dekadenten Zügen konzentriert auf dem Platz der Jugend zu haben und nicht auf dem Hauptfestplatz“. Zivilstreifen ersetzten die uniformierte Manifestation von Macht, ein Campingplatz wurde zur „zentralen Übernachtungsmöglichkeit“ erklärt. Trunkenbolde, die „in die seitlich gelegenen Büsche“ urinierten, ließ man gewähren, weil es sonst „unweigerlich zur Konfrontation zwischen VP und Jugendlichen gekommen wäre“.[211] Man übte sich in größerer Gelassenheit: „Bei der Festlegung der taktischen Verhaltensweise der operativen Kräfte wurde davon ausgegangen, dass das Pfefferbergfest ein sozialistisches Heimatfest ist, welches sich aus der Tradition der Arbeitersportbewegung entwickelt hat. Der Besuch der Veranstaltung ist jedem Bürger möglich, der das Eintrittsgeld entrichtet hat.“ Die Ordnungshüter wurden instruiert, „dass die Gründe für Zuführungen nicht im dekadenten äußeren Aussehen liegen können, sondern sich ausschließlich nur aus gesetzwidrigen Handlungen ergeben“.[212] Allein das üppige Angebot von Alkoholika, das zu solchen Anlässen Usus war, durchkreuzte den Plan der Deeskalation. Wirtsleute und

Standbetreiber witterten das Geschäft des Jahres. „Auf dem Festgelände wurde Bier in Plasteeimern, die dort gekauft waren, ausgeschenkt“,[213] gab der Polizeichef des Bezirkes Leipzig zu Protokoll.

Altenburg und die Folgen

Wenige Tage nach dem heiß diskutierten Pfefferbergfest von 1976 ereignete sich in Altenburg der GAU. Dort wurde vom 9. bis 11. Juli das tausendjährige Jubiläum der Kreisstadt gefeiert. Es sollte ein Unterhaltungsmarathon der Superlative werden und endete doch mit scharfen Dissonanzen. Die seit Herbst 1975 auf Hochtouren laufende Vorbereitung konnte nicht verhindern, dass sich eine „Reihe ernsthafter Vorkommnisse“ abspielte, „welche die Ordnung und Sicherheit erheblich beeinträchtigten. Ursache waren die Anwesenheit und das Verhalten von etwa 2500 Gammlern und Jugendlichen mit dekadentem Aussehen“,[214] so das ZK der SED. Ein Dutzend erstklassiger Konzerte und „Jugendtanzveranstaltungen“, unter anderem mit den Rockgruppen Kreis, Karat, Modern Soul, Babylon, Zoe, mit Veronika Fischer, Sanssouci, Toast und Nova For, hatte den Ansturm ausgelöst. Die Shows waren durch Funk und Presse landesweit popularisiert worden.

Ein Desaster von bis dato ungekanntem Ausmaß nahm seinen Lauf: „Allein durch die verwahrloste Kleidung, die teils mit westlichen Symbolen, wie zum Beispiel USA-Flaggen, versehen war, und durch das abstoßende Aussehen und Verhalten des genannten Personenkreises wurde die festliche Atmosphäre erheblich beeinträchtigt. Störungen zeigten sich vor allem in rowdyhaften Handlungen, zum Teil unter starkem Alkoholeinfluss, wie zum Beispiel provozierendes Verhalten gegenüber Volkspolizisten, Anpöbeleien gegenüber Bürgern, unsittliche Belästigungen, Betteleien unter Androhung von Gewalt, Beschädigungen öffentlicher Einrichtungen und Zerschlagen von Flaschen und Gläsern. Dieser Personenkreis lagerte und nächtigte gruppenweise und einzeln auf Straßen, Plätzen und in Anlagen, verschiedentlich wurde nackt in Schloss- und Parkteichen gebadet und die Notdurft in aller Öffentlichkeit verrichtet o. Ä. Es kam verschiedentlich zu staatsfeindlichen Äußerungen, wobei eine Abschirmung der Wortführer vor der einschreitenden Volkspolizei in den Gruppen erfolgte. Aus diesem Personenkreis wurden Losungen gerufen wie: 'Wir machen, was wir wollen!'; 'Wir wollen frei sein!'; 'Wir werden beweisen, dass die Staatsmacht machtlos ist!' Schimpfworte richteten sich besonders gegen die Volkspolizei, deren Angehörige wiederholt als 'Bullen' und 'Nazischweine' bezeichnet wurden."[215]

Der Zusammenprall blieb unvermeidlich, 103 Jugendliche, die aus elf Bezirken der Republik stammten, wurden verhaftet. Sie waren, so behauptete die Negativvariante der Interpretation, „auf die Konfrontation mit Volkspolizisten vorprogrammiert"; denn: „Einige wünschen stets die Auseinandersetzung mit der VP herbei". Laut Geheimdienstrecherchen reisten etwa 40 Kunden „mit Trillerpfeifen ausgerüstet" nach Altenburg.[216] Hochrechnungen zufolge waren etwa 70 Prozent der Tramper 16 bis 19 Jahre alt, überwiegend „junge Facharbeiter" oder in Berufen „mit geringer Qualifikation"

BStU, MfS, ZAIG Nr. 5521

1000-Jahr-Feier in Altenburg, 1976, Fotodokumentation der Stasi

tätig. Zehn Prozent der Delinquenten fielen in die Kategorie „vorbestraft".[217] Der Anteil von Frauen belief sich auf knapp ein Achtel. Gegen sieben der „zugeführten Personen" wurden Ermittlungsverfahren eingeleitet, sechs landeten in Haft. Die Höchststrafe lag bei neun Monaten Freiheitsentzug, im Schnellverfahren über einen 20-jährigen Rohrleger aus Halle verhängt, der sich Polizisten in den Weg gestellt und skandiert hatte: „Wir wollen fies und Rocker sein und kein dreckiges Bullenschwein!" bzw., so vermerkt ein hochrangiges Stasi-Protokoll, „Heil Hitler – ihr Bullenschweine!"[218] Die Mehrzahl kam mit geringen Geldbußen, Verwarnungen und Belehrungen davon.

Nicht wenige der insgesamt 250.000 Besucher der Jubiläumsfeierlichkeiten zeigten sich über das für ihr Empfinden viel zu milde Einschreiten gegen die „Asozialen" äußerst empört. Es hagelte Beschwerden. Stimmen aus der Bevölkerung kritisierten, „dass solche Elemente in die Stadt einreisen durften". Diese „Affengruppen" wären eine „Schande", ihr Anblick „für Frauen eine starke Zumutung".[219] „Sie sollten alle in ein Arbeitslager, damit sie wieder normal werden."[220] Etliche berichteten von „abscheulichen Entgleisungen": volltrunkene Männer, die „mit heraushängendem G-Teil" die Toilette verließen oder sich mit Mädchen „im Drecke herumsielten" und „ihre Liebesakte" vollzogen.[221] Ein Leutnant der Volkspolizei meinte, „dass das Lied der Schlagersängerin Veronika Fischer 'ich liege auf der Wiese und kaue Gras'[222] die Gammler direkt ermuntert, ihr Gammlerleben zu rechtfertigen. Die vorzutragenen Lieder müssten staatlicherseits einer strengeren Zensur unterliegen."[223]

NVA-Oberst Härtl, wohnhaft im brandenburgischen Strausberg, wandte sich am 13. Juli 1976 direkt an das ZK der SED. Sein vierseitiger Brief, der das „unwürdige Schauspiel" mit militanter Schärfe geißelte und auf „die Gedanken und Gefühle von Tausenden Bürgern" sowie die Unfähigkeit der Altenburger Polizei verwies, löste eine Lawine aus.[224]

Werte Genossen!

Ich konnte beobachten, dass bereits am Sonnabend frühzeitig Hunderte Gammler auf dem Marktplatz in Altenburg lagerten, die dort offensichtlich die Nacht verbrachten, in den unwürdigsten Auf- und Anzügen und unwürdigsten Stellagen. Jungen und Mädchen sielten sich, das gesunde Empfinden jedes Bürgers beleidigend, auf dem Pflaster des Marktes und auf dem Rasen des Volksparks. Tausende Bürger waren empört, so etwas zu erleben und darüber, dass die Verantwortlichen diesen Zustand duldeten.
Bürger, die sich dagegen öffentlich auflehnten, wurden mit Flaschen und anderen Gegenständen beworfen. Im Großen Teich, an dessen Ufern sie zu Hunderten lagerten, badeten welche angesichts der vielen Besucher nackt oder mit unmöglichster Bekleidung und gaben ein Bild des unanständigsten Verhaltens, bewarfen sich mit Schlamm und Flaschen. Ungeniert beleidigten sie die Passanten, indem sie, diesen zugewandt, pinkelten. [...] Als wir am Abend noch einmal auf den Marktplatz kamen, um ein großes Konzert auf der Freilichtbühne zu besuchen, war die Situation so kritisch, dass man für Leib und Leben der Menschen fürchten musste, da die hereinbrechende Nacht die Lage noch unübersichtlicher machte.
Ich erlaube mir die Frage, ob es richtig sein kann, zu dulden, dass die Bürger dieser schönen Stadt und ihre Besucher eine solche Beleidigung auf sich nehmen müssen oder ob wir nicht in der Lage sind zu zeigen, wer 'Herr im Hause' ist und wer die Macht im Staate hat. [...] Ich bin sicher, dass es Tausenden bewussten Bürgern angesichts solcher Szenen in der 'Faust gejuckt' hat, was übrigens auch für mich zutraf.
Mit sozialistischem Gruß! Härtl, Oberst

Brief an die ZK-Abteilung für Sicherheitsfragen, 13. Juli 1976, Auszug, SAPMO-BArch, DY 30/IVB2/12/258.

DDR-weit entbrannten hitzige Debatten über das Thüringer Fanal. Der Massenauflauf der „Gammler“ forderte nicht nur wegen seiner Größenordnung zu Reaktionen heraus, er hatte sich zu allem Übel auf dem Präsentierteller eines Vorzeigefestes abgespielt, das pikanterweise unter der Losung stand: „Wir gehören zu den Siegern der Geschichte – Herz und Initiative für unser sozialistisches Altenburg“.

Nach einer Information des Ministers des Innern an Erich Honecker verabschiedete das ZK der SED am 8. September 1976 einen entsprechenden Beschluss. Das recht umfangreiche Dokument gestattete der Suche nach tieferen Ursachen gerade die paar Zeilen, die nötig waren, um die abgegriffenen Stereotype vom nie ruhenden „Klassenfeind“ und seinem Einfluss auf einen „kleinen Teil Jugendlicher“ herunterzubeten. „Unter ihnen wirken Vorstellungen von ‘absoluter Freiheit’, Freiheit vor dem Gesetz, freier Liebe, einer bestimmten Opposition zur Staatsmacht und unseren gesellschaftlichen Verhältnissen u. a.“[225]

Als vorrangige Kanäle der Infiltration wurden westliche Medien und Rockmusik identifiziert. Die eigenen Bands, so lautete der Tenor, degradierten sich mit „dekadentem Showgebaren“ zu Handlangern des Gegners. „Verschiedene von ihnen treten hektisch auf, zeigen ein schlechtes äußeres Erscheinungsbild, benutzen eine undifferenzierte Lautstärke, kopieren westliche Vorbilder. [...] Der Prozess beabsichtigter Veränderung vollzieht sich sehr langsam. Bei einigen Gruppen hat er sogar kaum begonnen.“[226] Die Modern Soul Band, so hieß es intern, „führte in Altenburg eine USA-Flagge mit, die zeitweilig für jedermann sichtbar angebracht wurde“.[227]

Das Visier richtete sich darüber hinaus auch auf die Kirche. Der 61-jährige evangelische Pfarrer des Nachbardorfes Rositz, Gottfried Heinkel, arrangierte vom 10. zum 11. Juli eine provisorische Schlafstätte. Vorher hatte er in einem Telefonat mit dem Polizeikreisamt „seine Sorgen um den Verbleib der Tramper“[228] ausgedrückt und bei der Superintendentur die Genehmigung eingeholt, die Altenburger Bartholomäuskirche öffnen zu dürfen. 300 Leute folgten seinem Ruf und übernachteten im Gotteshaus, geschützt vor Kälte und Gummiknüppeln. Wer kein Geld hatte, bekam am nächsten Tag ein paar Mark für die Heimreise geschenkt. Die staatlichen Stellen registrierten die Geschehnisse voller Misstrauen. Seelsorge als alleiniges Motiv ließen sie nicht gelten. Der Geistliche unterlief mit seinem Samariterdienst die Kontrollmaßnahmen der Polizei: Sie hatte eine Turnhalle gegen Ausfüllung von Meldezetteln als Bleibe zur Verfügung gestellt, wodurch die „namentliche Erfassung dieser Tramper“[229] möglich werden sollte. In der folgenden Nacht wurde die Kirche weiträumig umstellt, Quartiersuchenden der Zutritt verwehrt.

Altenburg-Hymne

Zum Jubiläum einer tausendjährigen Stadt
Traf sich in Altenburg, wer Freude daran hat
Man begrüßte uns nicht freundlich, und wir waren betrübt
Dass uns zum Schlaf die Wiese nur blieb

Hört dieses Lied, wiegt es schwer auf wie Gold
Damit solch' ein Verbrechen sich nie wiederholt

Wir waren sehr viele und fühlten uns frei
Wo wir nachts schliefen, war uns einerlei
Der Klang der Gitarre und der Duft der blauen Nacht
Hat uns so glücklich, so happy gemacht
Dann wurden wir müde, und ein wenig beengt
Schliefen 2000 Hippies zusammengedrängt

Hört dieses Lied [...]

Am nächsten Morgen war da ein Konzert
Wir hörten die Musik noch immer unbeschwert
Da sagten die Bullen, wir soll'n auseinander geh'n

An ihrer Seite konnte man Bluthunde seh'n
Wir wollen noch nicht fort, wir wollen noch nicht geh'n
Da konnte man die ersten Gummiknüppel seh'n
Es sausten die Hiebe, die Hunde ließ man los
Wir begannen zu schrei'n, das Entsetzen war groß

Hört dieses Lied [...]

Wir waren sehr viele, wir haben's nicht gewollt
Da hat man zum Schluss noch die Feuerwehr geholt
Es gab auch Verletzte, mancher wälzte sich im Blut
Es gibt auch heute noch Leute, die heißen so was gut

Hört dieses Lied [...]

Darum, liebe Freunde, denkt immer an dieses Lied
Und an das Bild des Terrors, das als Erinnerung blieb
Das ist unser Frieden, uns're Freiheit, unser Lohn
Die schönsten Idole, was für ein Hohn

Hört dieses Lied [...]

Der anonym verfasste Text, den die Stasi als „Machwerk" und „Staatsfeindliche Hetze" einstufte, kursierte noch Anfang der Achtzigerjahre in Kundenkreisen. BStU, MfS KMSt, AOP 1813/82, Bd. I, Bl. 19, 83–84.

Stasi-Maßnahmen

Eine differenziertere Sicht als die Auswertung der Partei offenbarten die Analysen der Stasi. Für sie waren die langhaarigen Provokateure keine willenlosen Marionetten des Westens, sondern vorsätzliche Feinde der DDR. Ob „Beischlaf in der Öffentlichkeit", „demonstrativer und mit Verursachung von Lärm verbundener Alkoholgenuss" oder „passiver und aktiver Widerstand" gegen die Polizei – nach Ansicht des Mielke-Ministeriums wurzelten all diese Erscheinungen in einer „antisozialistischen", „negativen politischen Grundeinstellung".[230] Die Altenburger Verhöre hielten die „Ablehnung der Staatsgewalt"[231] sowie die „Protest- und Antihaltung gegen die bestehenden gesellschaftlichen Normen"[232] schwarz auf weiß fest. Roberto (19) aus Leipzig: „Ich bin der Meinung, dass die Jugendlichen in der DDR zu wenig Freiheit haben. Ich habe immer den Eindruck, als wenn einer hinter mir stehen würde. Die heutige Befragung gibt mir in dieser Hinsicht Recht."[233]

Ihre Haltung zum System trugen die hippieesken Mädchen und Jungen durch Verweigerung zur Schau, handfeste Auseinandersetzung war nicht ihr Prinzip. Das bestätigte eine Auswertung der „Vorkommnisse bei Großveranstaltungen 1976", erstellt vom Berliner MfS. „Bisher konnte in den erfolgten Vernehmungen und Befragungen nicht erarbeitet werden, dass einzelne Jugendliche/Jungerwachsene die Veranstaltungen mit dem Ziel aufsuchen, Konfrontationen mit dem Veranstalter, den Ordnungskräften oder den Sicherheitsorganen herbeizuführen."[234] Pfarrer Heinkel aus Rositz gab sogar zu Protokoll: „Es hat keiner randaliert", „sie waren alle sehr höflich", „ich habe gestaunt, wie bescheiden" sie sind.[235] Erst der Einsatz von Polizei und Stasi ließ die Lage eskalieren.

Mit den Vorfällen von Altenburg erhielten die Dinge eine neue Dimension. Waren es früher wenige Hundert, die ihren Daumen in den Wind reckten, so überforderten nun die Heerscharen von Trampern die Sicherheitskräfte. Interne Berichte räumten ein, dass man mit maximal 300 „negativ-dekadenten Jugendlichen" gerechnet hatte. Die ungekannten Größenordnungen und die latente Frage, „wohin das alles führe", puschten die 1000-Jahr-Feier zur Chefsache. Sie löste einen politischen Aktionismus aus, der bis in die Achtzigerjahre reichte.

Am 15. November 1976 erließ Erich Mielke einen Befehl an die Leiter der Diensteinheiten „Zur vorbeugenden politisch-operativen Abwehrarbeit unter negativ-dekadenten Jugendlichen und Jungerwachsenen". Die Präambel deutete die „Zusammenrottungen“ im Zeichen von Blues und Rock, welche sich „in letzter Zeit“ summierten, als Pulverfass: „Diese Vorkommnisse können zu einer unmittelbaren Gefährdung der öffentlichen Sicherheit und Ordnung und darüber hinaus zu einer Diskreditierung der Staatsmacht der DDR nach innen und außen führen.“[236] Das sollte durch eine Forcierung der Spitzeldienste und „Zersetzungstaktiken“ abgewehrt werden.

In den Wochen nach Altenburg herrschte tschekistische Hektik. Übereifrige Stimmen forderten den rigorosen „Einsatz bis hin zum Vertreiben der Trampertypen aus der betreffenden Stadt“.[237] Man rasselte mit den Säbeln und verstieg sich zu Illusionen. „Es wäre zu prüfen“, regte ein Stasi-Papier an, „ob

Archiv Marina Böttcher/Uwe Kulisch, Rolf Günzler/Fetzer, FA-GR-04-S57a

Vor einem Konzert der Stern Combo Meißen, Stadtilm, 1976

Beatveranstaltungen in der bisher praktizierten Form weiterhin Bestandteil von Volksfesten, Pressefesten usw. sein müssen.“[238] Und ein anderes Pamphlet wünschte in völliger Verkennung der Tatsachen: „Das Interesse breiter Teile der Jugend an Fahrten in der DDR zu Großveranstaltungen sollte durch die Entwicklung einer Wanderbewegung der FDJ und GST in organisierte Bahnen gebracht werden, um nicht nur negativen und dekadenten Elementen unter der Jugend das Feld zu überlassen.“[239]

Forschungsarbeiten und Graduierungsschriften, die an der Juristischen Hochschule Potsdam – der Kaderschmiede des MfS – entstanden, sublimierten mit den Jahren das strategische Repertoire. Im Februar 1981 lag das Resultat eines Großprojekts vor. Es übersetzte die Lehren der 1976er Ereignisse in eine 392 Blatt starke Handreichung. Altenburg wurde als „Zäsur“ charakterisiert, „aus der sich neue sicherheitspolitische Erfordernisse ergaben“.[240] Das Dokument streute moderate Selbstkritik ein. Es ortete „ungenügende materielle Möglichkeiten für die selbstständige Gestaltung der Freizeit Jugendlicher“, „ein oftmals zu spätes Reagieren auf jugendspezifische Modetrends und ein zu geringes Angebot an jugendgemäßer Bekleidung“. Die „gesellschaftswidrigen Verhaltensweisen“ seien zwar „primär von außen durch das imperialistische System determiniert“, hätten aber auch „soziale Ursachen“ innerhalb der DDR, die an das „Fortwirken bestimmter materieller und geistiger Relikte der Ausbeutergesellschaft“ gekoppelt wären. „Zu diesen materiellen Relikten können auch alte, noch aus dem Kapitalismus stammende gastronomische Einrichtungen gehören, die durch das in einigen solcher Gaststätten herrschende niedrige Kulturniveau der Ausstattung sowie durch die dort geltenden Regeln gesellschaftlichen Zusammenlebens (wer den meisten Alkohol verträgt und am besten zuschlagen kann, ist der ‘Größte’) alte Denk- und Verhaltensweisen konservieren und gesellschaftswidriges Verhalten junger Menschen hervorbringen können.“ Vor dem Griff zum eisernen Besen empfahl die Studie den Weg

Ekkehart Reinsch

Die Jenaer Band Uller an der Ostsee, 1977

der Überzeugung. „Vorbeugungsgespräche“, die mit möglichst jedem einzelnen Kunden geführt werden sollten, wurden „als spezifisches Mittel der erzieherischen Einflussnahme auf Jugendliche vor der Veranstaltung“ betrachtet. Ihr Ziel bestand darin, „positive Veränderungen ihrer Denk- und Verhaltensweisen herbeizuführen und sie zu gesellschaftsgemäßem Verhalten“ zu bekehren.[241]

Von diesem Grundsatz blieb vor Ort, wo die Probleme hautnah brannten, kaum etwas übrig. Erst schießen, dann fragen, hieß die Devise gereizter Hardliner. Ohne Federlesen verboten sie das „2. Tanzmusikfest der Jugend“, das am 28. und 29. August 1976, also wenige Wochen nach dem Altenburger Debakel, in Apolda stattfinden sollte. Das Open Air war von der FDJ-Kreisleitung organisiert und überaus attraktiv bestückt

Archiv Marina Böttcher/Uwe Kulisch, FA-GR-05-S59a

Fete in Weimar, 1977, von links: Henne, Fetzer, Stefan

worden. Als Zugpferde dienten Jürgen Kerth, die Modern Soul Band, Lift, Karat und das GRH-Projekt. Die Veranstalter ließen Plakate in den Bezirken Erfurt, Halle und Gera kleben und verteilten Flyer während des Schleizer Dreieckrennens. SED und Stasi, denen der Schreck noch im Nacken saß, konnten das Festival „in letzter Minute“ verhindern. Den Initiatoren wurde klar gemacht, „dass ihnen die ganze Angelegenheit längst über den Kopf gewachsen war“.[242] Die Leiterin des federführenden Jugendklubhauses Apolda knickte ein: „Lieber ein paar tausend Mark Vertragsstrafe zahlen, als Ärger mit den Jugendlichen.“ Die Konzerte wurden „aus ‘technischen Gründen’ abgesagt“.[243]

Das harte Durchgreifen blieb unterm Strich ein Pyrrhussieg. Zwischen den Instanzen schwelten Interessenkonflikte, die durch die Trägheit des Apparats potenziert wurden. Internen Berichten blieb nichts weiter übrig, als das Dauerproblem zu konstatieren. Eine zentrale Auswertung des ZK-Beschlusses zu Altenburg, Ende 1977 für Erich Honecker verfasst, musste eingestehen, dass es „noch nicht überall“ gelungen war, „einheitlich zu handeln“.[244] Das Ministerium des Innern registrierte ungeachtet der erhöhten Gefechtsbereitschaft im Zeitraum von zwölf Monaten „negative Vorkommnisse“ bei „25 Tanzveranstaltungen, neun Presse-, Volks- und anderen Festen“.[245]

Erfurt, Wasungen, Weimar

In den Regionen ging man unterschiedlich gegen die „Tramperplage“ vor. Immer wieder arteten staatliche Maßnahmen zum Terror aus. „Sich mit derartigen Problemen, wie der Feststellung und Zurückweisung von Trampern und Gammlern beschäftigen zu müssen, ruft bei den dazu eingesetzten Kräften der Volkspolizei und des MfS verständlicherweise die unterschiedlichsten Empfindungen und Gedankengänge hervor“, rechtfertigte man das rabiate Einschreiten beim „Treffen der

Freundschaft zwischen der Jugend der DDR und der VR Polen" 1977 in Frankfurt/Oder. „Das geht bis zum Ekel und kann möglicherweise" zu einem „nicht beabsichtigten Vorgehen führen." Schon vor der Eröffnungsveranstaltung am 28. Mai hatte man 460 Langhaarige „zurückgeführt", rund 200 von ihnen per Lastkraftwagen. Die Hälfte wurde „nach Weißwasser und Forst transportiert und in diesen Orten von der VP übernommen. Es ist vorgesehen, diese Personen bis zum 30.5.77 in VP-Gewahrsam zu behalten. Weitere 100 Tramper wurden mit Lkw in den Raum westlich von Erkner, Kreis Fürstenwalde, transportiert und in Waldgebieten abgesetzt." Die Konsequenz war nötig – immerhin erwartete man die Staatschefs beider Länder, Erich Honecker und Edward Gierek, als Gäste in Frankfurt/Oder. Zynisch fügte der Berichterstatter hinzu: „Wir handeln so – und das läuft ja bereits –, dass man uns nichts von angeblicher Unmenschlichkeit nachreden kann. Und wir bringen die festgehaltenen Tramper ja auch nicht irgendwo hin, sondern wir haben und werden sie dorthin bringen, wo sie ihre Freizeit gut nutzen können. In schöne Umgebung, an Wald und Wasser. [...] Und wenn eine Reihe Tramper behauptet, aus Liebe zur Natur auf der Wanderschaft zu sein, dann sollen sie die ihnen gebotene Möglichkeit gut nutzen. Wir bieten sie ihnen sogar auf Kosten des Staates."[246]

Dass aus der Tändelei mit den Sicherheitsorganen schnell blutiger Ernst werden konnte, hatte eine Prügelorgie im Frühjahr 1978 bewiesen. Die SED-Zeitung „Das Volk" feierte am 27. und 28. Mai auf dem Gelände der Erfurter IGA ihr Pressefest. Zum Programm gehörten etliche Rockbands und eine „Bluesparty" mit dem Szenestar Stefan Diestelmann und anderen Hochkarätern. Weil sie eine abgesperrte Rasenfläche in Beschlag genommen hatten, wurden Jugendliche unverhältnismäßig hart zur Räson gebracht. Über 60 Minuten wütete die Massenschlägerei – Auge um Auge, Zahn um Zahn. Walter Schilling, den die Eskalation der Gewalt auf den Volksfesten bedrückte, machte die Vorfälle während einer Rüstzeit in Braunsdorf zum Thema.

Ein profilierungssüchtiger IM legte ihm folgende Aussagen, die seinerzeit als Gerücht kursierten, in den Mund:[247] Schilling „habe sich in den kirchlichen Krankenhäusern umgesehen und festgestellt, dass diese voll belegt sind mit Verletzten. Er wüsste von zuverlässigen Quellen, dass es zwei Tote und 700 Verletzte gegeben hätte. Das medizinische Personal hätte zum Ausdruck gebracht, dass solche Bissverletzungen durch die eingesetzten Hunde noch nie gesehen wurden. Es seien teilweise die Leber und Eingeweide herausgerissen worden." Dem Pfarrer war Insiderwissen zu Ohren gekommen: Die Polizei, die sich ungewöhnlich martialisch zeigte, mit Schlagstöcken, geschlossenen Helmen und Plexiglasschilden, „habe den Befehl gehabt, rücksichtslos gegen die Anwesenden einzuschreiten."[248] Schilling und weitere Pastoren erwogen eine Eingabe an Erich Honecker. Sie wollten „Protest gegen diese staatlichen Maßnahmen einlegen".[249]

Walter Schilling, 1970er-Jahre

Das MfS ließ sich nicht beirren. Ein Positionspapier der Erfurter Bezirksverwaltung, das auf die Pressefesttragödie reagierte, gestand den Kritikern Autorität und Fingerspitzengefühl bei der Absicherung eigener Großveranstaltungen zu: „Wir sind zwar keine Anhänger der Kirche, aber die Kirche macht es uns manchmal auch vor, wie man einige Probleme noch besser lösen kann." Trotzdem hielt die Stasi am eisernen Kurs fest und sagte allen „Trampern und Gammlern", die „die Normen des Zusammenlebens demonstrativ missachten bzw. das Bild unserer Städte und Gemeinden verschandeln", den Kampf an. „Unsere Macht muss präsent sein, ob öffentlich sichtbar oder teilweise gedeckt handelnd, hängt von den konkreten Bedingungen ab. Der Gegner muss sie auf jeden Fall spüren und das auch schon vor einer Veranstaltung."[250]

Eine der Hauptmethoden war die „Filtrierung". Sie zielte auf „das Erkennen, Unwirksammachen und erforderlichenfalls Herauslösen solcher Personen aus Personenbewegungen, die feindlich-negativ in Erscheinung treten oder in ihrem Verhalten zeigen, dass sie Aufforderungen oder erteilten Auflagen nicht nachkommen wollen. Diese Maßnahmen können mit der Zuführung solcher Personen, mit ihrer Zurückweisung oder Rückführung an Punkte außerhalb des Handlungsraumes und mit ihrem Fernhalten von der Veranstaltung verbunden sein."[251] Die Restriktionen lösten oftmals das Gegenteil aus: Sie verliehen den Ereignissen eine besondere Anziehungskraft. So mancher Kunde trotzte der Bevormundung und suchte die Lücke im System. Er erschlich sich einen Krankenschein, verstaute die „Szeneuniform" im Gepäck und ging, als sittsamer Bürger verkleidet, auf Reisen.

Ein regelrechtes Katz-und-Maus-Spiel lief Jahr für Jahr beim Karneval in Wasungen. Die närrische Woche, die keine Sperrstunde kannte, läutete für hunderte Langhaarige die Trampersaison ein. Sie mischten sich unters Partyvolk und setzten dem Exzess die Krone auf. In dem gut ein Dutzend Kneipen der Kleinstadt, von denen einige kundengerechte Livemusik boten, wurden komatöse Trinkgelage gefeiert. Es herrschte, mit dem Segen der Obrigkeit, für ein paar Tage fröhliche Anarchie. Wer die Grenzen Wasungens passiert hatte, befand sich in einer geschützten, wenn auch komplett überwachten Zone. Der Weg dorthin war allerdings beschwerlich. Auf Bahnhöfen, Zufahrtsstraßen und noch vor dem Ortseingang fingen Polizisten auffällige Jugendliche ab. Man fackelte nicht lange. Schon das Jeans-und-Parka-Outfit genügte, um an einem Kontrollpunkt herausgefischt zu werden. Andere Gründe konnten sein: ein vergessener Personalausweis bzw. das Brandmal der „Passersatz- und Meldebescheinigung“ PM 12, der Verdacht auf „ungesetzlichen Grenzübertritt“, die wiederholte Anreise oder das Fehlen einer Unterkunft.[252] Im Zuge der „Filtrierung“ wurden zahlreiche Jugendliche von der Transport- und Volkspolizei „zurückgewiesen“; 1986 traf es beispielsweise 449 unerwünschte Faschingsgäste.[253] Mit dieser Präventivmaßnahme sollten „Provokationen, Demonstrativhandlungen, Hetze und andere öffentlichkeitswirksame Störungen“ sowie „Rowdytum“ und „Zusammenrottungen“[254] eingedämmt werden. Und trotzdem fanden viele ein Schlupfloch. Der Anteil von langhaarigen Jecken, die Wasungen tatsächlich erreichten, blieb über die Jahre hinweg hoch. 1987 registrierte man „650 überörtlich angereiste Jugendliche mit negativ-dekadentem Aussehen“,[255] 1988 rund 700 – eine stattliche Menge, gemessen an den „2000 bis 2500 Personen“, die zu den Tanz- und Vergnügungsabenden gezählt wurden.[256]

Der Karneval in Wasungen war ein echter Härtetest. Wir mussten dort immer von 20.00 Uhr bis früh um sechs spielen. Die Blueser haben gesoffen, sich bepinkelt und mitten im Saal auch gebumst. An der Seite waren Regale aufgestellt, in die man die Schnapsleichen einfach reinschob. Bis sie wieder rauskletterten und weiterzechten. In den Kneipen lag eine zentimeterhohe Schicht aus Scherben, Essensresten und diversen Körperflüssigkeiten. Wasungen war wirklich das Keimigste, was ich jemals erlebt habe!

Wilfried Woigk

Gerd Danigel/Robert-Havemann-Gesellschaft

Karneval in Wasungen, 1984

Verlangten es die Umstände, fuhr die Stasi eine entgegengesetzte Strategie. Dann motivierte sie die nimmermüden Bluessandalen zur Teilnahme an lokalen Festen, um sie von den politisch brisanteren fern und unter Kontrolle zu halten. Der durch IM lancierte Termin und eine bewusst „unscheinbare Ankündigung“ genügten „zur Ablenkung bestimmter Gruppierungen/ Gruppen Jugendlicher von zentralen Großveranstaltungen“.[257] Dass man sich mit dieser Taktik auf ein Vabanquespiel einließ, deutete das 1978er Feldsteintreffen bei Themar an. Die 140 „Personen mit dekadenten Zügen“, die nicht zu übersehen waren, blieben zwar friedlich, belagerten aber die Stadt schon drei Tage vor Beginn des pfingstlichen Traditionsfestes. Auch die Identifizierung gestaltete sich anfangs schwierig. Obwohl es regnete, nächtigte das Gros der Tramper im Freien und nicht in der bereitgestellten Turnhalle. Dennoch wurden 106 Kunden erkennungsdienstlich erfasst. Das Protokoll hakte die kleinen Pannen mit wenigen Sätzen ab und diagnostizierte den Erfolg: Man hatte alles im Griff. „Von hiesiger Dienststelle wurden laufend die Personalien hier anwesender Personen an die Heimatdienststellen übermittelt. Von dort wurden die dekadenten Personen eingeschätzt, und somit war hiesige Dienststelle ständig aktuell über den Gefährdungsgrad hier anwesender Personen unterrichtet.“[258]

Auch den Weimarer Zwiebelmarkt instrumentalisierte der Geheimdienst. Als 1974 in der Hauptstadt die Jubelfeiern anlässlich des 25-jährigen Bestehens der DDR über die Bühne gingen, funktionierte er das Volksfest zum Auffangbecken um: „Der zentral koordinierte, zielgerichtete Einsatz von IM der Verwaltung Groß-Berlin, der Bezirksverwaltungen Potsdam, Leipzig, Karl-Marx-Stadt, Erfurt, Gera und Dresden und der Hauptabteilung XX hatte zum Ergebnis, dass in steigender Zahl von negativen und dekadenten Jugendlichen der Entschluss gefasst wurde, den ‘Zwiebelmarkt’ in Weimar zu besuchen. Die Wirkung des inoffiziellen Einsatzes wurde dadurch erhöht, dass mit Argumenten für die Fahrt nach Weimar geworben wurde, denen die politisch-operativ interessierenden Ju-

Jörg Pfeifenbring

Thomas Gundermann, der spätere Sänger der Erfurter Bluesband Stachelbaer, ca. 1987

gendlichen zugänglich waren. [...] Im Gegensatz zu den Feierlichkeiten des 25. Jahrestages, die sich zu einem Fest der FDJ gestalten würden, sei der 'Zwiebelmarkt' eine unpolitische Veranstaltung und könnte zu einem eigenen Fest der angesprochenen Jugendlichen werden."[259]

Vor Ort arbeiteten Stasi, Polizei und SED Hand in Hand. Den 350 Langhaarigen ließ man eine lange Leine und umschiffte Reibereien. Um sich nicht ein Eigentor zu schießen, „wurde keine Beatmusik, sondern ausschließlich Blas- und Unterhaltungsmusik dargeboten". Im Stadtzentrum schloss man die Gaststätten, „nachdem festgestellt worden war, dass die überwiegende Mehrheit der anwesenden negativen Jugendlichen leicht angetrunken ist".[260] Obwohl man auch künftig den „traditionellen Charakter eines sozialistischen Erntefestes"[261] wahrte, blieb der Zwiebelmarkt ein obligatorischer Termin im Tramperkalender. 1978 war ein erster Kulminationspunkt erreicht – 2000 Kunden reisten nach Weimar. Das hatte Konsequenzen. Im Folgejahr wurde das Großereignis „wieder auf einen herbstlichen Obst- und Gemüsemarkt reduziert, der Ausschank alkoholischer Getränke eingeschränkt".[262] An der Juristischen Hochschule des MfS entstand eine spezielle Diplomarbeit. Sie bündelte Maßnahmen zur „politisch-operativen Sicherung" des Zwiebelmarktes.[263]

Unter staatlicher Obhut

Den Tramperstrom wollten die Instanzen auch mit der Wiederbelebung des legendären Open Airs in Wandersleben kanalisieren. 1973 im Aufwind der X. Weltfestspiele geboren und von den Organisatoren unverfänglich „Sterntreffen des Liedes und des Tanzes (Burgfest)" betitelt, lockte das Blues- und Rockspektakel Kunden aus der ganzen Republik an. Am 28. und 29. Juni 1975 fand es zum dritten und letzten Mal statt. Auf dem Programm standen die Johannes Biebl Bluesband, Engerling, Travelling Blues und die Manfred-Schulze-Formation. Danach wurde die Festivalreihe mit der lapidaren Begründung verboten, die Tramper gefährdeten den Transitverkehr auf der A 4.

Intern hieß es präziser: „In völliger Unterschätzung der eventuellen Folgen organisierte und popularisierte die Dorforganisation der FDJ Wandersleben eine Beatveranstaltung anlässlich des III. Sterntreffens auf Burg Gleichen. Durch die örtliche Presse und über DT 64 wurden die Jugendlichen zur Teilnahme an einem Konzert eingeladen, für das drei Musikformationen aus Berlin und eine Eisenacher Kapelle verpflichtet worden waren. Man rechnete mit einer Teilnahme von ca. 500 bis 1000 Personen. Tatsächlich reisten jedoch ca. 3000 bis 3500 Jugendliche zu dieser Veranstaltung an. Auf Grund der falschen Einschätzung des Ausmaßes einer solchen Musikveranstaltung waren grundlegende Fragen der Unterbringung, Versorgung, Sicherung und Organisation nicht geklärt. Das führte zu verschiedenen, die Sicherheit und Ordnung gefährdenden Vorkommnissen, die jedoch durch den kurzfristigen Einsatz von Sicherungskräften keine größeren Ausmaße annahmen.“[264]

Zwei Jahre später zog das MfS eine Neuauflage des Wanderslebener Open Airs ins Kalkül – „zur Ablenkung negativ-dekadenter Jugendlicher von eventuellen Reiseabsichten nach Leipzig“,[265] wo das VI. Turn- und Sportfest der DDR stattfand. Doch dazu sollte es nicht kommen. Inzwischen hatte man die Zuständigkeiten straffer definiert. Nach den angeblich „rowdyhaften Ausschreitungen“ von 1975 war „schlussfolgernd festgelegt worden, Veranstaltungen größeren Ausmaßes, bei denen die Teilnahme sogenannter Tramper und dekadenter Jugendlicher aus anderen Bezirken zu erwarten ist, grundsätzlich unter Regie der Abteilung Kultur des Rates des Bezirkes durchzuführen“.[266]

In der Tat hing der offizielle Bewegungsspielraum der Szene ganz entscheidend von Ressortfragen und personellen Konstellationen ab. Die zentralen Richtlinien – egal, ob fördernd oder sanktionierend gemeint – lösten keinen Automatismus aus, sondern wurden pragmatisch mit den Interessen der nie-

Bernd Hiepe

Open Air in Wandersleben, 1975

deren Chargen abgeglichen. Je nach Handlungsbedarf fielen sie in den Regionen auf fruchtbaren Boden, lieferten Rückendeckung, oder landeten als praxisfernes Wunschdenken in der Aktenablage. Ein Arrangement mit den langhaarigen Aussteigern zu treffen, versuchte vielerorts die FDJ. Sie hatte ein genuines Interesse an einer ansprechenden Jugendarbeit. Die großen Open Airs, wie etwa in Wandersleben, oder das studentische Kulturmilieu wären ohne ihren Segen nicht denkbar gewesen. Saß am entscheidenden Hebel ein beherzter Funktionär oder gar ein Fan im Blauhemd, wurden die Grenzen ausgelotet.

Dass die Balance zwischen einem „sauberen Jugendleben", wie es die Deklarationen forderten, und relevanten Freizeitangeboten manchmal schwer zu meistern war, illustrierte eine

Archiv Jürgen K. Hultenreich

Jam-Session: Modern Blues und Gäste im Weimarer Studentenklub Kasseturm, 1970, von links: Jürgen K. Hultenreich, Rainer Hasert, Heinz-Jürgen Gottschalk, Sonny Thet, Uwe Hemme

Diskussion mit der FDJ-Ortsleitung des Städtchens Tanna im Juli 1979. An den Debattiertisch hatten der Stellvertretende Bürgermeister, zwei Offiziere der Volkspolizei und ein Genosse der FDJ-Kreisleitung gebeten. Sie stritten über „kundenfreundliche" Tanzveranstaltungen unter der Ägide des Jugendverbandes. Die Kontra-Argumente bemühten die üblichen Standards: Es „häufen sich die Eingaben der Bürger der Stadt Tanna. Sie fühlen sich nicht mehr sicher. Ganze Horden kommen gezogen, stehlen in den Gärten". Eine Scheune wurde aufgebrochen und zum „Gruppensex" genutzt. Weil sie das Beruhigungsmittel Faustan mit Schnaps gemischt hatte, „was für ihre Gesundheit sehr gefährlich war", musste eine junge Frau ins Krankenhaus eingeliefert werden. „Solche Dinge", drohte der Abgesandte aus der Kreisstadt, „können leicht zum Tode führen und dann wird der Staatsanwalt die Frage stellen, wer ist der Veranstalter und der Verantwortliche? Dies wird dann glashart abgerechnet."

Das Fass lief über, als die Berliner Band Monokel zu ihrem Gig in der Tannaer Turnhalle am 23. Juni 1979 von zahlreichen auswärtigen Bluesern begleitet wurde. An die 200 Langhaarigen lümmelten sich in die Rabatten und entgegneten den Ordnungshütern, „sie wären zum Assitreff gekommen". Schon vor dem ersten Ton seien sie „volltrunken" gewesen. Den „Jugendfreunden", die den Tanzabend ausgerichtet hatten, wurden die Leviten gelesen. Zu einer „niveauvollen Veranstaltung" gehöre eine „einigermaßen ordentliche Garderobe, dass keine alkoholischen Getränke verabreicht werden", und auch „weiße Tischdecken mit Bedienung" wären ein ästhetisches, Wohlverhalten stimulierendes Plus. Die angezählten FDJler gingen in Abwehrstellung. „Jugendfreund Mosch", so das Protokoll, „bringt zum Ausdruck, dass er die Tanzveranstaltungen nicht mehr organisiert, wenn die Blouskapellen [sic!] nicht mehr auftreten können. Er vertritt mit dem anwesenden Kollektiv die Meinung, wenn solche Kapellen nicht mehr auftreten, wäre hier auch nichts los." Mosch und seine Mitstreiter unterbreiteten ein paar Vorschläge zur Entspannung der Situation, darunter: „Nach dem Beispiel Schlettwein, Kreis Pößneck, sollte nach dem Tanz der Saal geräumt werden und als Schlafstelle dienen." Man fand zu keiner Einigung. Der Stellvertretende Bürgermeister legte der FDJ-Ortsleitung nahe, ihre Haltung „eingehend zu überprüfen". Stoisch forderte er: „Sie sollen sich in ihrer nächsten Zusammenkunft eine Meinung bilden und anschließend die Kreisleitung der FDJ sowie den Rat der Stadt zu einer weiteren Versammlung einladen."[267]

Wen die blanke Musikbegeisterung und nicht der Zauber des Ausnahmezustands trieb, der wurde in etlichen staatlichen Einrichtungen gut bedient. Blues und solide Handarbeit konnte man in der Gothaer Stadthalle oder im Traktorenwerk erleben, in den Studentenklubs Kasseturm und Rosenkeller (Weimar und Jena), im Jugendklub des Dorfes Merkers und in der Kramkiste in Suhl

Jürgen Trübenbach

Modern Blues, Saal des Traktorenwerkes Gotha, 1971, von links: Thomas Ludwig, Eddie Janta, Waldemar Weiz, Gernot Arnold, Elke Hemme, Uwe Hemme

oder in den Klubhäusern von Arnstadt, Wandersleben und Tambach-Dietharz. Diskotheken, die auf den Geschmack des Hippies Marke Ost zugeschnitten waren, hatten etwa in Erfurt („Treffpunkt Johannesplatz"), Lengfeld und Themar ihr Domizil. Auch die Jazzklubs räumten dem Blues seinen Stammplatz ein. Ihre Konzerte und Vorträge sprachen eher den Puristen als die Lifestyle-Fraktion an. Hier fand der orthodoxe Bluesfanatiker eine Heimstatt, versank er in Kontemplation und inhalierte, oftmals im Ambiente bestuhlter Beschaulichkeit, jeden einzelnen Ton. Der Jenaer FDJ-Studentenklub Jazz im Paradies brachte regelmäßig den „blauen Stoff" zu Gehör, und der Jazzklub in Weimar widmete ihm bereits im September 1977 ein kleines Festival.

Eine ausgesprochene Ader für den Blues besaß die „Arbeitsgemeinschaft Jazz" in Eisenach. 1959 gegründet und formell der FDJ-Organisation des Automobilwerkes angeschlossen, zog sich diese Musik wie ein roter Faden durch die Geschichte der AG. Weil der harte Kern der Klubleitung unter Manfred Blume beflissenen Denunzianten durch seine Westkontakte und „eine negative Einstellung zur sozialistischen Gesellschaftsordnung" auffiel, wurde er von 1976 bis 78 im Operativen Vorgang „Blues" bearbeitet und auch anschließend „prophylaktisch" bespitzelt. Zu den observierten Personen gehörte Peter Montag, Gitarrist und Sänger von Travelling Blues. Die Stasi hegte den „begründeten Tatverdacht" der „Vereinsbildung zur Verfolgung gesetzwidriger Ziele" und prüfte, „ob Anforderungen des § 107, staatsfeindliche Gruppenbildung", erfüllt werden.[268] Da die Kreisdienststelle Eisenach den Dingen eine hohe Brisanz beimaß, hielt sie den Chef der Hauptabteilung XX[269] in Berlin persönlich auf dem Laufenden.

Wichtige Informationen lieferte IM „Albert". In seinen Berichten wurden hin und wieder auch Blueskonzerte und Tramperaktivitäten erwähnt. „Albert" konstatierte wachsende Resignation – „Tendenz: Keiner äußert sich, alles lächelt", es wird sich „restlos besoffen".[270] Wenn auch bei den Konzerten „Jugendliche der sogenannten 'Scene'" aufkreuzten, die „sehr

verwegen angezogen waren“, gab es „keinerlei Probleme“. So verlief etwa ein Abend mit Travelling Blues im Karl-Marx-Städter Klub „Pablo Neruda“ „sehr diszipliniert“, ohne „Zusammenrottungen o. Ä.“. Zum „Schluss ging alles ruhig auseinander, und abgesehen von zerbrochenen Gläsern, wurde nichts demoliert“.[271] 1978 stellte das MfS den OV „Blues“ ein. Zur Begründung hieß es lakonisch, dass keine „Hinweise über geplante feindlich-negative Absichten und Handlungen durch den bearbeiteten Personenkreis“[272] vorlägen.

Mit staatlicher Unterstützung gediehen auch das Bluesfest in Bad Berka und der Apoldaer Bluesfasching – zwei tra-

Archiv Marina Böttcher/Uwe Kulisch, Rolf Günzler/Fetzer, FA-GR-10-S06a

Zweites Bluesfest in Bad Berka, Juni 1979

ditionsreiche Veranstaltungen, die selbst den harten Schnitt der Wende überlebt haben. Das Bluesfest wurde 1978 als Kooperationsprojekt der FDJ-Grundorganisation Bad Berka und des Weimarer Studentenklubs Schützengasse aus der Taufe gehoben. Jeweils an einem Frühlings- oder Sommersonntag ab elf Uhr auf zwei Bühnen ausgerichtet, spielte dort im Laufe der Jahre jeder ostdeutsche Blues-Act von Rang und Namen. Bis zu 2500 Fans pilgerten in den Kurpark von Bad Berka. Anfang der Neunzigerjahre blieb das Publikum aus, das Ende schien besiegelt. 2002 im kleinen Rahmen reanimiert, fand das Festival 2007 schließlich wieder am Originalschauplatz statt.

Ohne Einbrüche und Katastrophen behauptete sich der Bluesfasching in Apolda. Inspiriert von der Sogwirkung des Wasunger Karnevals und im Fahrwasser studentischer Initiativen gereift, öffnete er 1987 den langhaarigen Narren zum ersten Mal die Tore. Unter dem Motto „Loss mech Blues en Ruh" sorgten Zugnummern wie Mr. Adapoe, Travelling Blues, Wilder Wein, Huflattich oder Postel & Pötsch für Stimmung – finanziert von der FDJ. Die Attraktion sprach sich herum. Besuchten ursprünglich etwa 200 Partygäste die drei tollen Tage, verkaufte man Mitte der Neunziger fast 2000 Eintrittskarten. Nach dem Mauerfall musste der alte Austragungsort, das Klubhaus der Jugend, aufgegeben werden. 1996 zog der Bluesfasching in die Tiefgarage des Hotels am Schloss, seit 2002 wird er durch den Lindwurm Faschingsclub Apolda e. V. betreut. Neben den Platzhirschen des heimischen Biotops stehen nun auch international bekannte Künstler auf dem Programm: Louisiana Red, Johnny Mars oder Smokey Wilson.

... und heute

Er klingt heute anders, der Blues in Thüringen. Wendiger, kosmopolitischer, manchem vielleicht auch glatter. Die Kanten und Widerhaken sind weggeschliffen, er muss kein Weltbild mehr schultern. Der Nostalgiker wird das bedauern, weil ihm das wärmende Gefühl der Gemeinschaft fehlt. Eine Gemeinschaft, die nicht im Mainstream schwimmen wollte, die auf der Suche blieb. Unangepasst, rastlos und frei. Die Mauern, gegen die er anrannte, die aber auch die Nische umfriedeten, sie definierten, sind längst eingestürzt. Nun steht die Welt offen. Wer es sich leisten kann, stillt sein Fernweh auf direkte Weise. Der Kunde von damals – er existiert nicht mehr. In den Siebziger- und Achtzigerjahren war er Teil einer Jugendbewegung. Dann kaufte ihm eine neue Generation den Schneid ab. Der Blues und seine musikalischen Ableger verloren den Stachel der Rebellion, sie wurden von den Iro- und Nietenträgern als museal und larmoyant verspottet. Die Uhr des Kunden war in doppelter Hinsicht abgelaufen: kulturell, weil das Potenzial der Abgrenzung und Provokation ausgereizt war, und politisch, mit dem Zusammenbruch der DDR.

Ziehen diejenigen, die noch den anderen Aggregatzustand kennen, ein postsozialistisches Resümee, fällt es meist nüchtern aus. Dieter Georgi, Gitarrist und Sänger von Klappstuhl, beschreibt den Nachhall der verflossenen Zeit: „Die Tramperszene ist abgetaucht, vielleicht gibt es sie auch gar nicht mehr. In den Städten haben sich ein paar Klubs etabliert, dort trifft man etliche bekannte Gesichter. Jedes Jahr zu Ostern veranstaltet der Kuhstall Tanna ein Open Air, zum Teil mit den alten Bands, und natürlich erscheint da auch das entsprechende Publikum. Früher gab es in Beuren einen angesagten Laden, der war immer gerammelt voll. Er lag direkt am Bahnhof. Wie in so vielen Fällen, fand sich nach der Wende kein Betreiber mehr. Später hat die Gemeinde das Haus renoviert und verpachtet. Der neue Wirt kannte Klappstuhl, und wir haben es versucht. Das Ergebnis waren zwölf Leute. Wenn wir dagegen in Heiligenstadt im Treffpunkt Alex spielen, einem Irish Pub, kannst du kaum noch treten. Klappstuhl werden immer mehr zu einer 'Partyband'. Die Hippies sind sesshaft geworden und feiern ihre runden Geburtstage mit den Kapellen und Songs aus alten Tagen. Hin und wieder engagiert man uns auch für eine Hochzeit."

> Die den Blues hatten, huldigten ihm auch nach dem Mauerfall. Es geht gar nicht anders. Und manche, die ihn nicht hatten, haben ihn dann im Westen bekommen.
>
> *Waldemar Weiz*

Wie Klappstuhl rangen etliche andere Szenegrößen nach 1989 mit den Herausforderungen des Marktes. Jürgen Kerth, Travelling Blues, Postel & Pötsch, Waldi Weiz, Pasch, Alexander Blume, die Feedback Blues Band, Lutz „Kowa" Kowalewski, Kirsche & Co., Michael Lenhardt oder Pro Art durchkämmten eine ausdünnende, nun auch von internationaler Konkurrenz heimgesuchte Infrastruktur. Und es wuchsen neue Projekte und junge Künstler nach. Kurz & Lang, die Intercity Bluesband, Double Vision, Dogma'n, Bullfrog Blues, Josa, die Why Ma Bluesrockband, Good News, die Bayou Alligators und die Undertaker Bluesband trugen die Fackel weiter. Moods of Ally beschwören den Geist der Hippie-Ära, covern Bob Dylan, die Rolling Stones, Carole King oder Bonnie Raitt. Sie laden den Hörer zu einer „musikalischen Reise 'Back to the Bones'" ein, spielen für „Liebe und Hingabe", gegen die „Qualen von unerträglichem Pop, Techno, HipHop und Klingeltonmassakern".[273]

Wenn auch das Netz der Veranstaltungsorte bei weitem nicht mehr so dicht geknüpft ist wie zu DDR-Zeiten, bleibt doch der Blues eine thüringische Konstante. Man kann die hiesigen Heroen und weit gereiste Gäste im Erfurter HsD/Gewerkschaftshaus oder Museumskeller erleben, während der Open Airs in Vollmershain und Oettersdorf, beim Bluesfestival in Weimar, dem TFF Rudolstadt und zum „Schmooze und Blues“

Dietmar Meixner

Steffi Breiting und Tobias Hillig, Moods of Ally, 2008

auf Schloss Könitz, in der Heiligen Mühle von Erfurt-Ilversgehofen und im Wotufa-Saal in Neustadt/Orla. Intimer geht es in den diversen Musik- und Kleinkunstkneipen zu, darunter das Schorschl (Eisenach), Andreas Kavalier (Erfurt), Jungfernsprung (Arnstadt), Schwarzer Peter (Heuthen), das Art Café (Gera), der Londoner Music Pub (Gotha), Zum Falken (Weimar) und das Blues-Café in Jena-Lobeda. Auch angestammte Jazzklubs, wie die Posaune in der Eisenacher Kulturfabrik Alte Mälzerei, zählen zu den Refugien der Neuzeit.

Im gediegenen Ambiente lauschen dort die Connaisseurs einer verchromten Version des Blues und den stilistischen Grenzgängern. Zu dieser Spezies gehört das Duo Friend 'n Fellow. Sängerin Constanze Freund, die ihren Nachnamen gegen das schnittigere „Friend" getauscht hat, war bis 1992 mit

Christian Borchers/Promo Ruf Records

Friend 'n Fellow, 2010: Constanze Friend und Thomas Fellow

Mr. Adapoe unterwegs. Heute kultiviert sie eine Musik, die verschiedene Richtungen mischt und mit dem Etikett „The Sound of Bluesoul“ vermarktet wird. Friend ’n Fellow stehen bei Ruf Records unter Vertrag, als einziger nationaler Act. Firmenchef Thomas Ruf, der Mitte der Neunzigerjahre Hessen gen Osten verließ, ist optimistisch. Er prophezeit blühende Landschaften. Sein Label, das vom thüringischen Lindewerra aus weltweit agiert, glaubt an die Zukunft eines jungen, dynamischen Blues. Thomas Ruf: „Echte, handgemachte Musik ist wieder im Kommen. Die tot gecasteten Playbackshows langweilen die Leute zunehmend. Auch im Blues hat sich ein Generationswechsel vollzogen. Künstler, die gerade mal Anfang zwanzig sind, begeistern ein gleichaltriges Publikum.“

Anpassung ist ein Gesetz der Evolution. Und so wird sich der Blues weiter häuten, stylen oder Muskeln antrainieren. Selbst wenn er vielleicht nie wieder eine solche soziale Kraft entfaltet, wie er sie in der DDR besaß, bleibt er ein Gegenentwurf zur Kurzatmigkeit der Moderne. Free-Jazz-Avantgardist Ornette Coleman, ästhetischer Sentimentalitäten unverdächtig, behauptet: „Der Blues ist etwas, woran man immer glauben kann. Er versiegt nie.“[274] Wem er einmal an die Seele gefasst hat, wird das ähnlich sehen. In Thüringen wie anderswo.

Uwe Petzold

Jürgen Vogel alias Birdy, 1976

Anmerkungen

Alle nicht näher gekennzeichneten Zitate entstammen der Korrespondenz bzw. Interviews, die der Autor mit Zeitzeugen führte.

1 Neubert, Ehrhart/Thomas Auerbach: „Es kann anders werden". Opposition und Widerstand in Thüringen 1945–1989, Köln 2005, S. 13.

2 Zit. nach Kaiser, Paul/Claudia Petzold: Boheme und Diktatur in der DDR. Gruppen, Konflikte, Quartiere. 1970 bis 1989, Berlin 1997, S. 269.

3 Balitzki, Jürgen: Rock aus erster Hand, Berlin 1985, S. 65.

4 Blues hat was mit Lebenshaltung zu tun, in: Profil 5/1985, S. 61.

5 Detailliert: Rauhut, Michael/Thomas Kochan (Hg.): Bye bye, Lübben City. Bluesfreaks, Tramps und Hippies in der DDR, erweiterte Neuausgabe, Berlin 2009.

6 Kochan, Thomas: Den Blues haben. Momente einer jugendlichen Subkultur in der DDR, Münster u. a. 2002.

7 Zitat nach Keller, Michael: Glorioser Blues. Jürgen Kerth ist nicht nur Thüringens ungekrönter Gitarrero, in: Rauhut/Kochan (Anm. 5), S. 379.

8 MfS, Kreisdienststelle Schleiz: Einschätzung des operativen Materials „Kronenklub" Tanna, 07.02.1966, Die Bundesbeauftragte für die Unterlagen des Staatssicherheitsdienstes der ehemaligen DDR (BStU), MfS Gera, AP 621/66.

9 Die Amts- und Mediensprache der DDR verwendete den Begriff „Beatmusik" bis weit in die 1970er als Synonym für „Rockmusik".

10 Einschätzung von Problemen der Auswirkung der politisch-ideologischen Diversion des Gegners unter Teilen der Jugend im Bezirk Erfurt, Thüringisches Hauptstaatsarchiv Weimar (ThHStAW), BDVP Erfurt 20.1, Nr. 249, Bl. 184.

11 Ebd., Bl. 185.

12 Aufstellung über im Bezirk Erfurt erfasste Beatle-Instrumentalgruppen, 15.11.1965, ThHStAW, BDVP Erfurt 20.1, Nr. 226, Bl. 181.

13 Ebd., Bl. 185.

14 Lüdtke, Alf: „Helden der Arbeit" – Mühen beim Arbeiten. Zur missmutigen Loyalität von Industriearbeitern in der DDR, in: Hartmut Kaelble u. a. (Hg.): Sozialgeschichte der DDR, Stuttgart 1994, S. 188.

15 BStU, AST Halle, Abt. XX, Sachakte 765, Bl. 27.

16 Ebd., Bl. 43.

17 BDVP Erfurt: Bericht zur Feststellung über die Existenz von sogenannten „Beat-Klubs“ im Bezirk Erfurt, 13.01.1970, ThHStAW, BDVP Erfurt 20.1, Nr. 249, Bl. 145–150.

18 Detailliert: BStU, MfS, ZAIG 1760, Bl. 1–5. Enkelmann, Hans Walter: Die Haarschneideaktion im ehemaligen Kreis Pößneck, Teil 1–3, in: Pößnecker Heimatblätter 3/1999, S. 14–22, 4/1999, S. 11–20, 1/2000, S. 19–26.

19 Stenografisches Protokoll, Stiftung Archiv der Parteien und Massenorganisationen der DDR im Bundesarchiv (SAPMO-BArch), DY 30/IV2/1/337, Bl. 58 und 57.

20 Kreisdienststelle Gera: Abschlussbericht, 02.02.1972, BStU, MfS Gera, AIM 136/72, Bd. I/I, Bl. 88.

21 Bericht, BStU, MfS Gera, AIM 136/72, Bd. II/I, Bl. 55.

22 Bericht, 26.04.1971, ebd., Bl. 71.

23 Travelling Blues, Urbesetzung: Dieter Gasde (ld, harm, sax, fl, voc, wb), Christoph Martin Neumann (g, bg), Mike Ullrich (dr), Hans-Peter Beck (voc), Rolf Schmidt (g). Gasde und Neumann traten ab Anfang der 1980er auch als Bluesong auf.

24 Montag, Peter: Travelling Blues – Versuch einer Selbstdarstellung, in: Die Posaune, hrsg. von der AG Jazz Eisenach, XII/1977, S. 4.

25 Ergo, 1975 gegründet, Kernbesetzung: Waldemar Weiz (g, voc), Angelika Weiz (voc), Olaf Schulz (bg), Bernd Saewe (dr), Thomas Ludwig (e-p), Joachim Degel (sax, fl), Bernd Fränzel (sax), Frieder Krannich (harm).

26 Pro Art, Besetzung 1980 bis 1985: Walter Geyer (voc, harm), Andreas Geyer (p, voc), Bernd Laubach (g, voc), Klaus-Dieter Triebel (dr), Bernhard Kruppke (bg).

27 Knuff, 1977 bis 1983, Kernbesetzung: Sonny W. Iwanow (voc, g), Wolfram Schröter (harm, g), Meinhart Prkno (e-v, harm, voc), Stefan Meier (dr, v), Edgar Bergmann (bg).

28 Die Einstufungen, die staatlicherseits vorgenommen wurden, legten die Honorare der Bands fest.

29 Klappstuhl, Erfurt, 1981 bis 1990: Dieter Georgi (g, voc), Thomas Hofmann (dr, voc), Axel Schmidt (bg, voc). Die Band wurde 1999 reaktiviert.

30 Aus dem Protokoll der Beratergruppe. Kopie des Dokuments im Besitz des Autors.

31 Onkel Tom, Urbesetzung 1982: Thomas Abendroth (ld, keyb, g, voc), Bernd Möbius (g, harm, voc), Wolfgang Klawonn (bg, ac-g, sax, harm, voc), Egon Böhm (bg), Siegfried Heilek (dr). Die Band spielte am 22. September 1985 ihr letztes Konzert.

32 Werbezettel.

33 Mr. Adapoe, ab 1988: Thomas Adapoe (ld, g, voc), Constanze Freund (voc), Matthias Bätzel (keyb, v, voc), Andreas Martin (tp), Hans Raths (sax, fl), Peter Klinke (bg), Alexander Urschanow (dr). Als Gast 1989: Enrique Pérez-Carbonell (perc). Die Band löste sich 1992 auf.

34 Gruppe „Mr. Adapoe“, in: Wochenpost 43/1989, S. 7.

35 Drechsel, Ulf: Mr. Adapoe: bequem zwischen den Stühlen, in: Melodie und Rhythmus 10/1989, S. 16.

36 Jürgen Postel (voc, harm, wb, g, perc) , Helmut Pötsch (g, tb, acc, voc, mand, perc).

37 Zur Besetzung von Frachthof gehörten im Laufe der Jahre: Jürgen Postel (voc, harm, wb), Helmut Pötsch (g, acc, tb), Andreas Schnabl (dr, voc), Manfred Haucke (bg), Roland Patzig (g, voc), Jens Petter (g), Hans Raths (sax), Peter Gottschall (ac-g, bj), Hellmut John (g), Bernhard Kruppke (bg), Matthias Hessel (p, org), Dieter Georgi (g, voc), Tobias Morgenstern (acc, org), Stefan Kling (p, org), Jürgen Vogel (g), Frank Jahn (g), Meinhart Prkno (v, harm).

38 KD Eisenach: Abschlussbericht zu den OPK – A 2, Reg.-Nr. 429/79, 430/79, 431/79 und 432/79, 17.10.1979, BStU, MfS Erfurt, AIM 739/80, Bl. 73.

39 KD Eisenach: Auskunftsbericht, 06.07.1979, ebd., Bl. 53.

40 KD Eisenach: Niederschrift über durchgeführten Treff mit IMS-Vorlauf „Joachim“, 14.11.1979, ebd., Bl. 82.

41 KD Eisenach: Niederschrift über durchgeführten Treff mit IMS-Vorlauf „Joachim“, 29.03.1980, ebd., Bl. 88.

42 KD Eisenach: Aktenvermerk, 07.04.1980, ebd., Bl. 89.

43 Der diffizile Vorgang kann hier nur angerissen werden: Wilfried Woigk wurde im Rahmen des OV „Verbindung“ observiert, bis er am 29. März 1976 die Verpflichtung zum IM unterschrieb und den Decknamen „Horst Schütz“ wählte. Kern der Werbung waren seine Kontakte in die Bundesrepublik und nach Westberlin. Das MfS wollte ihn nutzen, „um in die Konspiration der Schleuserorganisation 'Fuchs' einzudringen“. Während der häufigen Treffs wurde Woigk aber auch zu „labilen und westlich eingestellten Jugendlichen, die im Rahmen der Veranstaltungen in Erscheinung treten“, sowie zu Kollegen und Musikstudenten befragt. Am 8. November 1983 bat er Führungsoffizier Dietrich, auf seine „weitere Mitarbeit zu verzichten“. Ein Jahr später

archivierte die Erfurter Stasi den IM-Vorgang. Woigk geriet selbst wieder in die Schusslinie und wurde ab August 1986 im OV „Flieger" beschattet. BStU, MfS BV Erfurt, AIM 2363/84, Bl. 405, 401–402, 228, 475, 527.

44 Aus den 1965 in Weimar gegründeten Garage Players ging 1971 die Gruppe Bayon hervor.

45 Blues Vital, Urbesetzung 1972: Wilfried Woigk (ld, bg, voc), Robert Albracht (g, voc), Ferdinand Schmidt (dr), Thomas Abendroth (keyb, voc), Wolfgang Klawonn (sax, voc), Axel-Glenn Müller (fl, sax, voc).

46 Pasch, Urbesetzung 1983: Wilfried Woigk (ld, bg, voc), Andreas Kirchner (voc), Viola Woigk (keyb), Stefan Schulze (g), Rüdiger Schorr (dr), Torsten Volkmann (sax).

47 KDfS Hildburghausen: Information über das Auftreten der Berufsrockgruppe „Pasch" aus Erfurt am 13. 2. 1987 im Saal der Gaststätte „Zur Linde" Veilsdorf, 23.02.1987, BStU, MfS BV Suhl, Abt. XX/463, Bd. 1, Bl. 171.

48 MfS, BV Erfurt, Abt. XX/7: Eröffnungsbericht zum OV „Flieger" – Reg.-Nr. IX/1747/86, 08.08.1986, BStU, MfS Erfurt, AOP 496/88, Bl. 9.

49 André Greiner-Pol (1952–2008): Gesang und Violine.

50 BStU, MfS Erfurt, AOP 496/88, Bl. 41.

51 Eröffnungsbericht (Anm. 48), Bl. 8.

52 MfS, BV Erfurt, Abt. XX/A: Einschätzung des Bearbeitungsstandes des OV „Flieger", Reg.-Nr. IX/1747/86, Abteilung XX/7, Gen. Stieler, 22.05.1987, MfS Erfurt, AOP 496/88, Bl. 226.

53 BStU, MfS BV Suhl, Abt. XX/463, Bd. 1, Bl. 182–183.

54 Kirsche & Co., Urbesetzung: Andreas Kirchner (ld, voc), Klaus Müller von Baczko (g), Udo Hemmann (bg), Uwe Hoffmann (dr).

55 MfS, BV Erfurt, Abt. XX/7: Abschlussbericht zum OV „Flieger", Reg.- Nr. IX/1747/86, 05.01.1988, BStU, MfS Erfurt, AOP 496/88, Bl. 251.

56 Besetzung: Jürgen Kerth (ld, g, bg, voc), Lothar Wilke (keyb), Roland Michi (bg), Artur Geidel bzw. Eberhard Meyerdirks (dr).

57 Jürgen Kerth in Balitzki (Anm. 3), S. 62.

58 Ebd., S. 65.

59 Zitat Jürgen Kerth, nach Keller (Anm. 7), S. 383.

60 Ebd., S. 384.

61 Die Akte enthält auch ältere Berichte.

62 Abteilung XX/7: Abschlussbericht, 23.06.1978, BStU, MfS Erfurt, AOPK 777/78, Bl. 98.

63 Abteilung XVIII: Ermittlungsbericht, 08.09.1975, ebd., Bl. 46.

64 Mündlicher Bericht, 14.11.1977, ebd., Bl. 87.

65 BV Erfurt, Abt. XX/A: Überprüfungsbogen, ebd., Bl. 76.

66 Ermittlungsbericht (Anm. 63), Bl. 45.

67 Abschlussbericht (Anm. 62), Bl. 99.

68 MfS, BV Erfurt: Abverfügung zur Archivierung, 23.06.1978, ebd., Bl. 100.

69 BStU, MfS-Arbeitsbereich Mittig, Nr. 169, Bl. 8.

70 Brief an das Ministerium des Innern, Hauptabteilung Schutzpolizei: Berichterstattung gem. Ordnung 081/73, Anlage 4, über Erscheinungen und Tendenzen der ideologischen Diversion bei der Durchführung von Veranstaltungen und in der Tätigkeit der Vereinigungen, 07.07.1980, Thüringisches Staatsarchiv Rudolstadt (ThStA Rud.), BDVP Gera 21.2, Nr. 33, Bl. 4.

71 MfS, Juristische Hochschule Potsdam (JHS): Forschungsergebnisse zum Thema „Die politisch-operative Bekämpfung des feindlichen Missbrauchs gesellschaftswidriger Verhaltensweisen Jugendlicher", Februar 1981, BStU, MfS JHS 20067, Bl. 153.

72 BDVP Leipzig, Abteilung Kriminalpolizei: Einschätzung über Vorkommnisse bei jugendtypischen Veranstaltungen (Zeitraum 1975), Archiv Polizeipräsidium Leipzig, BDVP 6764, Bl. 11.

73 BStU, MfS HA XX 17699, Bl. 79.

74 MfS, HA XX: Operatives Auskunftsersuchen, 20.02.1981, BStU, MfS HA XX/AKG 873, Bl. 187.

75 Ebd.

76 HA XX: Information: Maßnahmen gegen das provokatorische Auftreten negativ-dekadenter Jugendlicher in der ČSSR im Zeitraum vom 23.03.1978 – 25.03.1978, BStU, MfS HA XX 6104, Bl. 63.

77 Vgl. Förster, Peter: Die Entwicklung des politischen Bewusstseins der DDR-Jugend zwischen 1966 und 1989, in: Walter Friedrich u. a. (Hg.): Das Zentralinstitut für Jugendforschung Leipzig 1966–1990. Geschichte, Methoden, Erkenntnisse, Berlin 1999, S. 70–165.

78 BStU, MfS JHS 20314, Bl. 10.

79 BStU, MfS KMSt, AIM 2201/88, Bd. II/II, Bl. 478.

80 Gemeint sind Jeans-Anzüge. BStU, MfS BV Gera, AOP 924/82, Bl. 5.

81 Einschätzung über Vorkommnisse (Anm. 72), Bl. 10–11.

82 MfS, BV Potsdam, Abt. XX /2: Informationsbedarf zur Personifizierung und Erfassung dekadenter und politisch-negativer Jugendlicher und Jungerwachsener mit überörtlichen Verbindungen (Tramper/Reisefans), 21.07.1976, BStU, MfS BV Potsdam, BDL 401163, Bl. 15.

83 Erhebungen zu Jugendlichen und Jungerwachsenen, die mit negativen und dekadenten Verhaltensweisen auftreten, 05.08.1976, Archiv Polizeipräsidium Leipzig, BDVP 6097, Bl. 1.

84 Forschungsergebnisse (Anm. 71), Bl. 43, 28–29.

85 Mündliche Information des IMV „Rosi“ vom 22.06.1978, BStU, MfS KMSt, AIM 2201/88, Bd. II/I, Bl. 381.

86 Forschungsergebnisse (Anm. 71), Bl. 7.

87 MfS, JHS: Forschungsergebnisse zum Thema „Die Qualifizierung der politisch-operativen Arbeit zur Bekämpfung von feindlichen Erscheinungen unter jugendlichen Personen in der DDR“, 1972, BStU, MfS JHS 21823/1, Bl. 25.

88 Grundorientierungen zur Gestaltung der politisch-operativen Abwehrarbeit im Sicherungsbereich Jugend/Untergrund durch alle operativen Diensteinheiten der Bezirksverwaltung Magdeburg unter besonderer Beachtung der der Abteilung XX gemäß DA 2/85 des Genossen Minister übertragenen Federführung bei der vorbeugenden Verhinderung, Aufdeckung und Bekämpfung von Erscheinungsformen politischer Untergrundtätigkeit, BStU, MfS BV Magdeburg, Abt. XX, 1658, Bl. 28.

89 Forschungsergebnisse (Anm. 71), Bl. 154.

90 Wurschi, Peter: Rennsteigbeat. Jugendliche Subkulturen im Thüringer Raum 1952–1989, Köln u. a. 2007, S. 284.

91 MfS, BV Erfurt, Auswertungs- und Kontrollgruppe: Hinweise über gewonnene Erkenntnisse und Erfahrungen bei der operativen Bearbeitung und vorbeugenden Absicherung Jugendlicher/Jungerwachsener des Bezirks Erfurt im Alter von 14 – 25 Jahren, 11.04.1979, BStU, MfS BV Erfurt, KD Arnstadt 631, Bl. 18.

92 Informationsbedarf (Anm. 82), Bl. 16.

93 Aktennotiz, 07.12.1979, BStU, MfS BV KMSt, XIV/737/79, Bd. I/I, Bl. 97.

94 Aktenvermerk zum IMS „Rosi“, 11.05.1987, BStU, MfS KMSt, AIM 2201/88, Bd. I/I, Bl. 308.

95 Tonbandabschrift, 19.12.1984, BStU, MfS Erfurt, AIM 2058/88, Bd. II/I, Bl. 417.

96 Rundschreiben des Leiters der BV für Staatssicherheit Gera, 16.08.1978, BStU, BV Gera, KD Eisenberg 0993, Bl. 97.

97 MfS, BV Gera: Information über die Lage unter negativ-dekadenten jugendlichen Personen und Gruppierungen (Tramper), 01.02.1979, BStU, MfS BV Gera, AKG PI 9/79, Bl. 1–2, 4.

98 Ebd., Bl. 11–16, 22–24, 26, 29–31, 37, 38, 47–49. HWG = Häufig wechselnder Geschlechtspartner.

99 MfS, BV Gera: Operativ-Information Nr. 3/79 zur Lage unter negativ-dekadenten jugendlichen Personen und Gruppierungen (Tramper), 19.02.1979, BStU, MfS BV Gera, AKG 1334, Bl. 1.

100 Kett, Udo: Die Gestaltung des schwerpunktmäßigen Einsatzes jugendlicher IM bei der Zersetzung negativer jugendlicher Gruppen, insbesondere zu gesellschaftlichen Höhepunkten, Fachschulabschlussarbeit, Dezember 1978, BStU, MfS ZA, JHS VVS 606/79, Bl. 13.

101 Forschungsergebnisse (Anm. 87), Bd. 2, Bl. 172.

102 MfS, BV Gera, Abt. XX/2: Sachstandsbericht zu einer negativ-dekadenten jugendlichen Gruppierung aus Gera, 05.05.1978, BStU, MfS BV Gera, AOP 924/82, Bl. 25.

103 MfS, KD Gera: Abschlussbericht zum OV „Tramper" – Reg.-Nr. 332/78, 20.09.1982, ebd., Bl. 322.

104 Übersicht über Erscheinungsformen neg.-dek. Jugendlicher in der DDR, BStU, MfS HA XX 6098, Bl. 245.

105 MfS, KD Nordhausen: Information über illegale Jugendveranstaltungen im Bereich der Gemeinde Steinbrücken, 14.09.1989, BStU, MfS BV Erfurt, KD Nordhausen 525, Bl. 37.

106 Neubert (Anm. 1), S. 122.

107 Hildebrand, Gerold: Matthias Domaschk. Eine turbulente und unvollendete Jugend in Jena, in: Horch und Guck, Sonderheft 1/2003, S. 3.

108 Pietzsch, Henning: Jugend zwischen Kirche und Staat. Geschichte der kirchlichen Jugendarbeit in Jena 1970–1989, Köln u. a. 2005, S. 133.

109 Dorgerloh, Fritz/Götz Doyé: Versuch einer Positionsbeschreibung der sog. „Offenen Arbeit", Berlin (Ost), 17.08.1982, Thüringer Archiv für Zeitgeschichte (ThürAZ), TG–K–2.1.

110 Hermann, Artur: Die Kenntnis der Evangelisch-Lutherischen Kirche in Thüringen, Voraussetzung für eine wirksame politisch-operative Arbeit, Februar 1983, BStU, MfS JHS 22076, Bl. 96.

111 Ebd., Bl. 8.

112 Ebd., Bl. 96–98.

113 SAPMO-BArch, D 04, 537.

114 Einschätzung über die Tätigkeit von Beat-Gruppen innerhalb der Evangelischen und Katholischen Kirche sowie anderen Religionsgemeinschaften, ebd.

115 Die Band, in: Mecklenburgische Kirchenzeitung vom 17.03.1974, S. 2.

116 ThürAZ, TG–K–3.1.

117 Peaceful Dead existierten von 1971 bis 1974. Sie steuerten auch die Musik für die von Jugenddiakon Thomas Neubauer geschriebene Re-

vue „Kundenstück“ bei, die im Oktober 1971 in der evangelischen Kirche von Jena-Burgau aufgeführt wurde.

118 MfS Gera, Abt. XX/7: Einschätzung zur politisch-operativen Situation in den Berufs- und Amateurrockgruppen des Bezirkes Gera, 18.06.1986, BStU, MfS ZMA XX 20048, Bl. 57.

119 Trier, Gabi u. a. (Hg.): Stein auf Stein. „Gefahrenzone“ und die Saalfelder Kulturpolitik in den 80er Jahren, hrsg. vom Landesbeauftragten des Freistaates Thüringen für die Unterlagen des Staatssicherheitsdienstes der ehemaligen DDR, Erfurt 1999, S. 42.

120 Bericht über Ursachen und begünstigende Bedingungen der Straftat des Beschuldigten [Name geschwärzt], 02.02.1973, BStU, MfS Suhl, AOP 208/75, Bd. III, Bl. 239–240.

121 BStU, MfS Erfurt, AIM 2058/88, Bd. II/I, Bl. 264–265.

122 Neubert (Anm. 1), S. 112.

123 Schilling, Walter: Die 68er-Insel im „Roten Meer“ – Braunsdorf. Interview von Andreas Dornheim, in: Andreas Dornheim/Stephan Schnitzler (Hg.): Thüringen 1989/90. Akteure des Umbruchs berichten, Erfurt 1995, S. 195.

124 Information für den Vorsitzenden des Rates des Bezirkes Suhl, Genossen Zimmermann, 01.12.1971, BStU, MfS Suhl, AOP 208/75, Bd. II, Bl. 107.

125 MfS, BV Suhl, Abt. XX: Schlussbericht Operativ-Vorgang Nr. 51/71 „Hai“, 19.06.1971, BStU, MfS Suhl, AOP 208/75, Bd. III, Bl. 310.

126 Ebd., Bl. 301.

127 Ebd., Bl. 305.

128 MfS, BV Suhl, Abt. XX: Mündlicher Bericht des GMS „Stein“, 14.04.1971, BStU, MfS Suhl, AOP 208/75, Bl. 150.

129 Tonbandabschrift, 03.10.1968, BStU, MfS BV Suhl, Abt. XX/999, Bd. 1, Bl. 2.

130 Bericht über Ereignisse in Zella-Mehlis, 26.11.1968, ebd., Bl. 13.

131 Bericht über meine Teilnahme am Gottesdienst in Zella-Mehlis, 27.05.1974, MfS Suhl, AOP 208/75, Bd. IV, Bl. 164.

132 Hauskeller, Jürgen: Erkenntnisse für die Gestaltung von Gottesdiensten in neuer Form – gewonnen aus Erfahrungen – zusammengetragen auf der Werkwoche neue Gottesdienste (IV) vom 1.2.–5.2.71 in Krummenhennersdorf/Sa., BStU, MfS Suhl, AOP 208/75, Bd. II, Bl. 38.

133 Zit. nach Wurschi (Anm. 90), S. 132.

134 Mündlicher Bericht des IM „Frank“ am 16. 7. 1970, BStU, MfS Suhl, AOP 208/75, Bl. 113.

135 Auftreten der USA-Negersängerin Edda Camaron [sic!] in den Kirchen in Zella-Mehlis und Ilmenau, 24.05.1972, ThStA Meiningen, SED-BL Suhl, IV C–2/14/698.

136 MfS, HA IX/2: Bericht, 08.10.1973, BStU, MfS AIM 9567/86, Bd. I/2, Bl. 144–145.

137 Schlussbericht (Anm. 125), Bl. 311.

138 MfS, BV Suhl, Abt. XX/4: Maßnahmeplan zur Bearbeitung der Jugendveranstaltungen „Kirche – einmal anders" in Zella-Mehlis, Pfarrer Hauskeller, 02.12.1968, BStU, MfS Suhl, AOP 208/75, Bl. 50.

139 MfS, BV Suhl, Abt. XX/4: Information an den 1. Bezirkssekretär, Gen. Albrecht, 21.02.1975, BStU, MfS Suhl, AOP 208/75, Bd. V, Bl. 135.

140 Beschluss zum Anlegen eines Operativ-Vorgangs, 24.02.1971, BStU, MfS Suhl, AOP 208/75, Bl. 4.

141 MfS, BV Suhl, Abt. XX: Schlussbericht Operativ-Vorgang Nr. 51/71 „Hai", 19.06.1971, BStU, MfS Suhl, AOP 208/75, Bd. III, Bl. 320. Paragraf 106, StGB: „Staatsfeindliche Hetze".

142 Ebd., Bl. 320 und 305.

143 Rosinger, Hartmut: Vom Umgang mit einem „feindlich-negativen kirchlichen Amtsträger". Die Zusammenarbeit der staatlichen Organe mit kirchlichen Gremien bei der „operativen Bearbeitung" des Pfarrers Jürgen Hauskeller in Zella-Mehlis und Sondershausen, in: Bürgerkomitee des Landes Thüringen e. V. (Hg.): „Im Interesse eines guten Verhältnisses" II. Die Zusammenarbeit der Staatsorgane und des MfS gegenüber der Ev.-Luth. Landeskirche Thüringens, Suhl 1997, S. 59.

144 MfS, BV Suhl, Abt. XX: Konzeption für die Durchführung zersetzender Maßnahmen gegen den im OV „Hai" bearbeiteten Pfarrer H., 04.08.1971, BStU, MfS Suhl, AOP 208/75, Bd. II, Bl. 27.

145 MfS, BV Suhl, Abt. XX /4: Schlussbericht Operativ-Vorgang „Hai" – Reg.-Nr. 51/71, 18.03.1975, BStU, MfS Suhl, AOP 208 /75, Bd. V, Bl. 226.

146 Konzeption zur Führung des Gesprächs mit Bischof Dr. Braecklein und Oberkirchenrat Dr. Lotz am 29.2.1972, BStU, MfS Suhl, AOP 208/75, Bd. II, Bl. 187.

147 Rat des Bezirkes Suhl: Protokoll über das Gespräch mit dem Landesbischof der Evang.-Luth. Kirche in Thüringen, Dr. Ingo Braecklein, dem Oberkirchenrat Dr. Gerhard Lotz, dem Vorsitzenden des Rates des Bezirkes Suhl und dem Stellvertreter des Vorsitzenden des Rates des Bezirkes für Inneres am 29.2.1972, ebd., Bl. 195 und 197.

148 MfS, BV Suhl, Abt. XX/4: Zwischenbericht zum OV „Hai", 15.03.1974, BStU, MfS Suhl, AOP 208/75, Bd. IV, Bl. 119.

149 MfS, HA XX/4/1: Betrifft: Veranstaltung „Gottesdienst – einmal ganz anders“, 02.05.1969, BStU, MfS HA XX/4, 2451, Bd. 3 von 3, Bl. 506.

150 Ebd., Bl. 507.

151 Information: Organisierung von feindlichen Aktionen der evangelischen Kirche unter der Jugend der DDR, Berlin, 11.07.1966, ebd., Bl. 647.

152 Information: Neue Formen der kirchlichen Tätigkeit, Berlin, 15.07.1966, ebd., Bl. 586.

153 Kirche und Jazz, in: Jazz-Echo (Beilage zur Zeitschrift Gondel) 3/1955, S. 43.

154 Rutenborn, Günter: Beiträge zur Theologie des Jazz, in: Musik und Kirche 2/1958, S. 68–69.

155 MfS, HA XX/4: Realisierung der Maßnahmen zur Einschränkung des „Gottesdienstes einmal anders“, 26.08.1966, BStU, MfS HA XX/4, 2451, Bd. 3 von 3, Bl. 671.

156 Klages, Eberhard: „So was wollen wir nicht haben!“. Kirche, Jazz und neue Lieder – Kritische Anmerkungen zu einem westdeutschen Thema, in: Neue Zeit vom 24.09.1966, S. 5.

157 Abschrift, 13.10.1966, BStU, MfS HA XX/4, 2451, Bd. 3 von 3, Bl. 598–599.

158 Ebd., Bl. 576–578.

159 Rundbrief an alle Pfarrer der Ephorie I und II Karl-Marx-Stadt über die Tagung der Kirchenmusikdirektoren in der Zeit vom 12.–14.9.1966 in Plauen, BStU, MfS HA XX/4, 2451, Bd. 2 von 3, Bl. 367.

160 MfS, BV Karl-Marx-Stadt, Abt. XX: Information über kirchliche Aktivitäten des Diakon Fischer auf dem Gebiet der Tramper in Karl-Marx-Stadt, 03.04.1978, BStU, MfS BV Chemnitz, XX/1047, Bl. 74.

161 MfS, BV Karl-Marx-Stadt, Abt. XX: Information über die Veranstaltung der Jungen Gemeinde mit negativ-dekadenten Jugendlichen am 18.2.1978 in der Friedenskirche bzw. St.-Pauli-Kreuz-Kirche Karl-Marx-Stadt, ebd. Bl. 62.

162 MfS, BV Karl-Marx-Stadt: Information über Veranstaltungen der evangelisch-lutherischen Kirche unter Leitung des Diakon [Name geschwärzt] mit negativ-dekadenten Jugendlichen, 11.04.1978, BStU, MfS Chemnitz, AKG 625, Bd. 2, Bl. 218.

163 Ebd., Bl. 63.

164 Bericht, 28.02.1978, BStU, MfS KMSt, AIM 2201/88, II/I, Bl. 332.

165 Information (Anm. 162), Bl. 219–220.

166 MfS, BV Karl-Marx-Stadt, Abt. XX/4: Information über die Zurückdrängung kirchlicher Aktivitäten des Diakon Fischer und seiner Helfer auf

dem Gebiet der Tramper in Karl-Marx-Stadt, 24.04.1978, BStU, MfS BV Chemnitz, XX/1047, Bl. 84–85.

167 Auftrag für „Rosi", 09.02.1978, BStU, MfS KMSt, AIM 2201/88, Bd. II/I, Bl. 325.

168 MfS, BV Karl-Marx-Stadt, Abt. XX: Information über die Veranstaltung der Jungen Gemeinde mit negativ-dekadenten Jugendlichen am 15.1.1978 in der St.-Pauli-Kreuz-Kirche Karl-Marx-Stadt, Henriettenstr., 17.01.1978, BStU, MfS BV Chemnitz, XX/1047, Bl. 51.

169 Bericht (IM „Rosi"), 28.07.1977, BStU, MfS KMSt, AIM 2201/88, Bd. II/I, Bl. 237.

170 Schilling (Anm. 123), Bl. 198.

171 Ebd., S. 197.

172 Daniel, Jens/Jürgen B. Wolff: Sometimes in „June". Erinnerungen an die Rudolstädter „Hippie-Feste" vor 20 Jahren, in: Programmheft des Tanz- und Folkfestes Rudolstadt 1999, S. 30.

173 Zit. nach Leo, Annette: Die Halleluja-Liedlein könnt ihr vergessen. Walter Schilling und die „Offene Arbeit" der Evangelischen Kirche, in: Rauhut/Kochan (Anm. 5), S. 470.

174 Gemeint waren Polizeieinsätze bei der 1000-Jahr-Feier Altenburgs 1976, dem deutsch-polnischen Jugendtreffen in Frankfurt/Oder 1977, zum „Republikgeburtstag" 1977 in Ostberlin und während des Pressefestes der SED-Tageszeitung „Das Volk", 1978 in Erfurt.

175 Alle Zitate: Bericht über das Jugendwochenende (Werkstattwochenende) „JUNE 78", ThürAZ, WS–O–92.1.

176 Zit. nach Daniel (Anm. 172), S. 35.

177 BStU, MfS HA XX/4, 3750, Bl. 11.

178 Gemeint ist Walter Schilling.

179 MfS, BV Gera, Abt. XX/4, KD Rudolstadt: Einschätzung der operativ bedeutsamen Bearbeitungsetappe des OV „Spinne" im Zusammenhang mit der kirchlichen Jugendgroßveranstaltung „JUNE 79" in Rudolstadt, 03.07.1979, BStU, MfS BV Gera, AKG 3003/17, Bl. 319 und 318.

180 Ebd., Bl. 324.

181 Überlegungen zur Frage: JUNE '80?, ThürAZ, WS–O–92.1.

182 Einschätzung (Anm. 179), Bl. 331–332, 322.

183 MfS, HA XX/4: Operative Information über die kirchliche Jugendgroßveranstaltung „June 79" vom 29.6.79 bis 1.7.79 in Rudolstadt/Bezirk Gera, 03.07.1979, BStU, MfS HA XX/4, 3750, Bl. 73.

184 Einschätzung (Anm. 179), Bl. 332.

185 Thüringer Archiv für Zeitgeschichte „Matthias Domaschk“ (Hg.): Losgehen und Ankommen. Jugendkultur in der DDR Ende der 70er Jahre am Beispiel der Jugendgroßveranstaltungen June 78/June 79 in Rudolstadt, Hummelshain 1999, S. 43.

186 Daniel (Anm. 172), S. 30, 36, 33–34.

187 BStU, MfS HA XX/4, 3749, Bl. 74–76.

188 BStU, MfS BV Gera, AKG 3003/17, Bl. 351–352.

189 Schilling, Walter: Die „Bearbeitung“ der Landeskirche Thüringen durch das MfS, in: Clemens Vollnhals (Hg.): Die Kirchenpolitik von SED und Staatssicherheit. Eine Zwischenbilanz, Berlin ²1997, S. 261.

190 Schilling (Anm. 123), S. 207.

191 Lenski, Katharina/Uwe Kulisch (Hg.): Zwischen Utopie und Resignation, vom Bleiben und Gehen. Jugendkultur in der DDR in den Achtzigerjahren am Beispiel der Großveranstaltung „Jugend 86“ in Rudolstadt, Jena 2003, S. 50.

192 Uwe Koch, zit. nach ebd., S. 33.

193 MfS, BV Gera, Abt. XX: Zwischenbericht zum Operativvorgang „Spinne“, Reg.-Nr. X/760/78, 19.07.1986, BStU, MfS HA XX/4, 3752, Bl. 58.

194 Zit. nach Lenski (Anm. 191), S. 124.

195 MfS, BV Gera, Abt. XX/4: Zwischenbericht zum Operativ-Vorgang „Spinne“, Reg.-Nr. X/760/78, 23.12.1986, BStU, MfS HA XX/AKG 5555, Bl. 112.

196 Zwischenbericht (Anm. 193), Bl. 58.

197 OV „Spinne“, Reg.-Nr. X/760/78, BStU, MfS HA XX/4, 3752, Bl. 61.

198 Zitate nach Uwe Koch, in: Lenski (Anm. 191), S. 131.

199 Uwe Koch, ebd., S. 42.

200 Ebd. abgedruckt, S. 131.

201 Information zu Treffen negativ-dekadenter Jugendlicher zum Zwiebelmarkt Weimar, 17.10.1984, BStU, MfS Erfurt, AIM 2058/88, Bd. II/I, Bl. 358.

202 MfS, BV Leipzig, Abt. IX und XX: Bericht: Vorkommnis in Schmölln anlässlich des „Pfefferbergfestes“, 29.06.1976, BStU, MfS BV Leipzig, Abt. IX, 133/04, Bl. 2–3.

203 Erhebungen (Anm. 83), Bl. 6.

204 MfS, BV Leipzig, Abt. IX und XX: Bericht zur Überprüfung eingeleiteter Sicherungsmaßnahmen anlässlich des 13. Pfefferbergfestes in Schmölln, 07.07.1976, BStU, MfS BV Leipzig, Abt. IX, 133/04, Bl. 10–11.

205 Rat der Stadt Schmölln, Abt. Innere Angelegenheiten: Meinungen der Bürger zum Auftreten der Tramper auf dem Gelände des 13. Pfefferbergfestes, Archiv Polizeipräsidium Leipzig, BDVP 6491.

206 Bericht (Anm. 204), Bl. 7.

207 BStU, MfS, ZAIG 2411, Bl. 4.

208 Standpunkt und Vorschläge der Abteilungen Kultur, Jugend und Agitation des ZK der SED zur Verstärkung der politisch-ideologischen und künstlerischen Einflussnahme auf die Entwicklung der Beat-, Schlager- und Tanzmusik, des Jugendtanzes und zur Zurückdrängung nichtsozialistischer Erscheinungen auf diesem Gebiet, 22.09.1975, SAPMO-BArch, DY 24/11.227.

209 BDVP Leipzig: Information über den Verlauf der Sicherungsmaßnahmen anlässlich des „16. Sozialistischen Pfefferbergfestes" in Schmölln am 23./24.06.1979, Archiv Polizeipräsidium Leipzig, BDVP 6491, Bl. 1.

210 Ebd.

211 VPKA Schmölln: Abschlussbericht, 27.06.1977, ebd., Bl. 3–5.

212 BDVP Leipzig, Abt. Kriminalpolizei: Erfahrungswerte aus dem Ordnungseinsatz zum 14. Pfefferbergfest in Schmölln, 26.06.1977, ebd., Bl. 1 und 2.

213 Information (Anm. 209), Bl. 2.

214 Information über Vorkommnisse während der 1000-Jahrfeier der Stadt Altenburg. Anlage 1 zum Beschluss des Sekretariats des ZK der SED vom 8. September 1976, SAPMO-BArch, DY 30/JIV2/3/2492, Bl. 20.

215 Ebd., Bl. 21.

216 Probleme der Bewertung des Charakters von Veranstaltungen und des möglichen Auftretens von negativen und dekadenten Jugendlichen mit dem Ziel der rechtzeitigen Einleitung und Abstimmung der erforderlichen Maßnahmen zur zweckmäßigen Einbeziehung von gesellschaftlichen Kräften zur Vorbeugung und Verhinderung von Angriffen gegen Sicherheit und Ordnung, BStU, MfS HA XX, 2360, Bl. 44.

217 SED-Bezirksleitung Leipzig: Standpunkt und Schlussfolgerungen zum Verlauf der 1000-Jahr-Feier der Stadt Altenburg, 27.07.1976, Sächsisches Staatsarchiv Leipzig, SED-BL-Leipzig, IV C–2/5/371, Bl. 224.

218 MfS, Zentrale Auswertungs- und Informationsgruppe: Politisch-operativ bedeutsame Fakten im Zusammenhang mit dem Auftreten von Trampern anlässlich der 1000-Jahr-Feier der Stadt Altenburg in der Zeit vom 9. – 11. Juli 1976, BStU, MfS ZAIG 5521, Bl. 9.

219 Weitere Stimmungen und Meinungen, Archiv Polizeipräsidium Leipzig, BDVP 6491, o. S.

220 Standpunkt (Anm. 217), Bl. 225.

221 Weitere Stimmungen (Anm. 219); Meinungen und Verhaltensweisen der Tramper, welche durch die eingesetzten Genossen Schutzpolizisten, ABV und Helfer bekannt wurden bzw. auch beobachtet werden konnten, Archiv Polizeipräsidium Leipzig, BDVP 6491, Bl. 1 und 3.

222 Gemeint ist ihr Hit „Auf der Wiese", getextet von Bettina Wegner.

223 Weitere Stimmungen (Anm. 219).

224 SAPMO-BArch, DY 30/IVB2/12/258.

225 Information (Anm. 214), Bl. 23.

226 Maßnahmen zur verstärkten politisch-ideologischen, künstlerischen und organisatorischen Einflussnahme auf Jugendtanz- und andere Veranstaltungen. Anlage 2 zum Beschluss des Sekretariats des ZK der SED vom 8. September 1976, SAPMO-BArch, DY 30/ JIV2/3/2492, Bl. 26.

227 MfS, HA VII: Einige wesentliche Erkenntnisse aus der Untersuchung von Vorkommnissen bei Großveranstaltungen 1976, 22.07.1976, BStU, MfS HA XX, 2360, Bl. 7.

228 Politisch-operativ bedeutsame Fakten (Anm. 218), Bl. 6.

229 Ebd., Bl. 5.

230 Einige wesentliche Erkenntnisse (Anm. 227), Bl. 5–6, 8.

231 Ebd., Bl. 8.

232 Probleme (Anm. 216), Bl. 28.

233 Erhebungen (Anm. 83), Bl. 4.

234 Einige wesentliche Erkenntnisse (Anm. 227), Bl. 7.

235 VPKA Altenburg: Abschrift von Bandaufnahme über Aussprache mit Pfarrer Heinkel, Rositz, vom 11.07.1976, Archiv Polizeipräsidium Leipzig, BDVP 6491, Bl. 2, 1 und 3.

236 BStU, ZA, VVS MfS 008–1127/76, Bl. 1.

237 Probleme (Anm. 216), Bl. 44.

238 Vorschläge zur vorbeugenden Verhinderung von Vorkommnissen und Ausschreitungen negativer und dekadenter Jugendlicher zu Veranstaltungen, ebd., Bl. 23.

239 Einige wesentliche Erkenntnisse (Anm. 227), Bl. 15.

240 Forschungsergebnisse (Anm. 71), Bl. 48.

241 Ebd., Bl. 113, 89–90, 93–94, 301, 241.

242 Probleme (Anm. 216), Bl. 39 und 40.

243 Vorbereitung eines sogenannten „2. Tanzmusikfestes der Jugend" des Kreises Apolda/Erfurt ohne Absprache mit den zuständigen Organen der Partei und des Staatsapparates, 24.08.1976, BStU, MfS ZAIG 5522, Bl. 4 und 3.

244 Information über die bisherige Verwirklichung des Beschlusses des Sekretariats des ZK „Maßnahmen zur verstärkten politisch-ideologischen und organisatorischen Einflussnahme auf Jugendtanz- und andere Veranstaltungen" vom 8. September 1976, Entwurf vom 22.11.1977, SAPMO-BArch, DY 30/20708, o. S.

245 Ebd.

246 Lageübersicht, Stand 28.5.77, 12.00 Uhr, BStU, MfS HA XX 14171, Bl. 3, 2 und 9.

247 Nach Walter Schilling waren diese Schilderungen, in denen der IM Dichtung und Wahrheit mischte, übertrieben. Telefonat vom 28. März 2011.

248 MfS, BV Gera, Abt. XX/4: Eröffnungsbericht zum OV „Spinne" X/760/78, 21.11.1978, BStU, MfS HA XX/AKG 5555, Bl. 35.

249 MfS, BV Karl-Marx-Stadt, Abt. XX: Information, 17.06.1978, BStU, MfS HA XX/4, 3750, Bl. 4.

250 Zu Problemen bei der Durchsetzung operativer Maßnahmen zur vorbeugenden Verhinderung des Wirksamwerdens negativ-dekadenter und anderer kriminell-gefährdeter Jugendlicher und Jungerwachsener bei öffentlichen Großveranstaltungen, 17.07.1978, BStU, MfS BV Erfurt, Abt. XX, ZMA S 149, Bl. 105 und 107.

251 MfS, Stellvertreter des Ministers: Politisch-operative Sicherung von Veranstaltungen, 1979, BStU, MfS BV Erfurt, Abt. Kusch 2194, Bl. 99.

252 BStU, MfS BV Suhl, XIX/01, Bl. 25.

253 MfS, BV Suhl: Abschlussbericht zum Sicherungseinsatz des 451. Wasunger Karnevals in der Zeit vom 05.02. bis 12.02.1986, BStU, MfS HA XX, 981, Bl. 238.

254 Ebd., Bl. 235.

255 Berichterstattung zum Sicherungseinsatz „Wasunger Karneval" vom 28. 2. 1987, 06.00 Uhr, bis 28. 2. 1987, 20.00 Uhr, ebd., Bl. 226.

256 Dokumentation nach Föller, Hans-Joachim: Lügensäcke. Die Stasi, ihre Helfer und ihre Opfer beim Wasunger Karneval, Suhl 1999, S. 69–70.

257 Forschungsergebnisse (Anm. 71), Bl. 56.

258 VPKA Hildburghausen, Kriminalpolizei: Bericht, 18.05.1978, BStU, MfS BV Suhl, Abt. XX/685, Bl. 5 und 4.

259 Information über politisch-operative Erfahrungen bei der inoffiziellen Kontrolle und Beeinflussung negativer und dekadenter Jugendlicher im Zusammenhang mit der Konzentration auf dem „Zwiebelmarkt" in Weimar am 5./6. 10. 1974, BStU, MfS HA XX, 17700, Bl. 9–10.

260 Ebd., Bl. 12.

261 Hinweise (Anm. 91), Bl. 6.

262 Ragwitz, Renate/Jens Riederer: 350 Jahre Weimarer Zwiebelmarkt. Von der Ersterwähnung 1653 bis 2003, Weimar 2003, S. 68.

263 Schubert, Hans-Joachim/Rudi Worm: Die politisch-operative Sicherung von Großveranstaltungen durch die Kreisdienststellen des Ministeriums für Staatssicherheit – dargestellt am Beispiel der Vorbereitung und Durchführung des sozialistischen Erntefestes „Zwiebelmarkt" in Weimar, 25.07.1979, BStU, MfS JHS, VVS 312/79.

264 MfS, HA XX: Information über Erfahrungen, Erkenntnisse und Aufgaben bei der politisch-operativen Sicherung jugendlicher Personenkreise, 12.07.1976, BStU, MfS HA XX/AKG, 6009, Bl. 18.

265 MfS, HA XX: Konzeption zur Verhinderung von Störungen der Sicherheit und Ordnung durch negativ-dekadente und kriminell gefährdete Jugendliche anlässlich von Großveranstaltungen 1977, Entwurf, 05.05.1977, BStU, MfS HA XX, 2360, Bl. 50.

266 Vorbereitung (Anm. 243), Bl. 3.

267 Protokoll über die am 28. 7. 1979 um 17.00 Uhr durchgeführte Sitzung mit der Ortsleitung der FDJ, Kopie des Dokuments im Besitz des Autors.

268 MfS, KD Eisenach: Entstehungsbericht zum Operativ-Vorgang „Blues"– Reg.-Nr. IX/144/76, 18.02.1976, BStU, MfS HA XX 10089, Teil 1 von 2, Bl. 221 und 217.

269 Die HA XX des MfS war für die Überwachung von Kirche, Kunst und Kultur, des „politischen Untergrunds" und Staatsapparates zuständig.

270 Bericht, 30.09.1982, BStU, MfS BV KMSt, XIV/281/71, Bd. II/X, Bl. 403.

271 Bericht, 07.05.1982, ebd., Bl. 325.

272 MfS, BV Erfurt, Abt. XX: Einschätzung zum OV „Blues" – Reg.-Nr. IX/144/76, 10.01.1978, BStU, MfS BV Erfurt, AOP 256/78, Bl. 312.

273 Werbematerial von Moods of Ally.

274 Zitat nach Spencer, Scott: The Outsider, in: Rolling Stone Nr. 1041, 13.12.2007, S. 83.

Zwei Kreuze: Im Jahre siebzehn hat der Krieg den Mann gefressen / Da hat in Trauer sie den Jungen geboren / Sie hat im Elend nicht den Mut verloren / Und hat's geschafft gehabt: er kriegt genug zu essen // Der Tod im zweiten Kriege holte ihr den Jungen / Einen Zettel haben sie ihr auf den Tisch gewischt: / „Vermisst" hat drauf gestanden – und weiter nichts / Da brach sie zusammen – das Herz war ihr vor Weh zersprungen // Hinten auf dem Kirchhof ist ein kleiner Efeufleck / Da steht ein Kreuz, und keiner hält es reine / Es gibt keinen mehr, der die Mutter kennt // Zweihundert Kilometer von dem Orte weg / Da lehnt ein Kreuz an einem Ackersteine / Von unten morsch, das keinen Namen nennt

Les personnages de l'histoire

Katy Homes

Katy est une jeune Anglaise de 12 ans. Sportive et intelligente, elle sait se sortir des situations les plus compliquées. Son adage : réfléchir avant d'agir !

Charlie Whatnot

Charlie a 13 ans, c'est le meilleur ami de Katy. Un peu peureux, c'est un vrai geek. Il sait toujours trouver une astuce technique pour se tirer d'affaire !

Angus

Angus est le fidèle scottish terrier de Katy. Il est fier et courageux et son odorat est d'une aide précieuse pour notre duo de détectives en herbe !

SBN : 978-2-01-701641-0
© Hachette Livre, 2017.
58, rue Jean Bleuzen, CS 70007, 92178 Vanves Cedex
Achevé d'imprimer en Espagne par Grafo à Basauri Dépôt légal: mars 2018 - Collection 16 - Édition 02 - 76/600